NOTES

SUR LE SERVICE

DANS LES

ÉTATS-MAJORS EN CAMPAGNE

Paris. — Imprimerie de J. DUMAINE, rue Christine, 2.

NOTES

SUR LE SERVICE

DANS LES

ÉTATS-MAJORS EN CAMPAGNE

PAR

ANDRÉ MARIOTTI

PARIS

LIBRAIRIE MILITAIRE DE J. DUMAINE

LIBRAIRE-ÉDITEUR,

Rue et Passage Dauphine, 30.

—

1879

NOTES

SUR LE SERVICE

DANS LES

ÉTATS-MAJORS EN CAMPAGNE.

CHAPITRE PREMIER.

§ 1ᵉʳ. — Considérations générales.

Définition, objet et attributions des états-majors.

On appelle état-major la réunion d'un certain nombre d'officiers qui ont pour mission d'assister le commandement dans l'exercice de ses fonctions et d'assurer la transmission de ses ordres.

« Il est au-dessus des facultés de l'homme de suffire à la fois aux réflexions multiples qu'exige un commandement d'armée et aux détails nécessaires à l'exécution des projets qu'il faut souvent changer ou modifier ; c'est pourquoi l'importance et le nombre des objets sur lesquels les généraux d'armée sont obligés d'étendre leurs soins, les a toujours mis dans la nécessité de subdiviser et de confier les principaux détails à des officiers capables de les bien remplir » (1).

L'état-major fait fonction de nerfs, c'est par lui que la pensée du chef parvient aux troupes, c'est le trait-d'union qui relie entre eux les différents éléments de toute grande organisation militaire.

Un bon état-major est indispensable à la constitution d'une armée ; c'est sa meilleure sauvegarde ; de sa force, de sa valeur dépendent la solidité de tout l'édifice, et, dans un moment donné, le salut de la patrie.

On trouve l'utilité des états-majors dans toutes les circonstances de la guerre, on peut dire que de tous temps ils ont existé, et l'importance de leur rôle ne fait que grandir de jour en jour.

Autrefois, lorsque les armées étaient peu nombreuses, que leurs mouvements étaient en quelque sorte réglementés, que l'ordre de bataille était pour ainsi dire invariable, tous les détails relatifs aux cantonnements ou au campement, aux marches, à l'action même sur le lieu du combat se trouvaient prévus presque toujours dans les ordres émanant du général en chef lui-même et il n'y avait que peu de choses à faire pour assurer l'exécution de ses prescriptions.

« Il n'en est plus de même aujourd'hui. La force numérique des armées, ainsi que leur fractionnement, d'où résultent des modifications innombrables, font, même dans des circonstances qui paraissent au premier abord parfaitement semblables, varier à l'infini les détails d'exécution. Par suite, en raison de l'impossibilité où l'on se trouve de réglementer des circonstances aussi variées, les officiers généraux ont

---

(1) Grimoard.

besoin d'être assistés sans cesse par des officiers expérimentés et recrutés d'une façon spéciale » (1).

De plus, en même temps que les armées modernes ont pris des proportions énormes, la valeur des éléments qui les constituent a diminué en raison même de l'accroissement des effectifs ; jamais le commandement n'a eu de tâche plus lourde et jamais il n'a été plus indispensable de l'entourer d'aides instruits et dévoués.

C'est à ces auxiliaires qu'il appartient :

De préparer et de rédiger conformément aux intentions du général en chef tous les ordres de marche et les tableaux de cantonnement ;

D'étudier le théâtre des opérations ;

De se renseigner sur l'armée ennemie ;

D'être toujours au courant de la situation des effectifs et des approvisionnements ;

De tenir les journaux de marche et de préparer l'historique de la campagne ;

De faire en sorte que l'armée ait toujours à sa disposition les cartes nécessaires, et que ces cartes soient tenues à jour, d'exécuter les reconnaissances soit du terrain, soit des dispositions et des mouvements de l'ennemi ;

De transmettre verbalement les ordres du commandant en chef et souvent même de les interpréter, etc., etc.

Conditions que doivent remplir les états-majors. — Qualités indispensables aux officiers qui y sont attachés ; connaissances qu'ils doivent posséder.

« Pour qu'un état-major soit bon, il faut non-seulement que chaque officier qui entre dans sa composi-

---

(1) Bronsart von Schellendorff, traduction du capitaine Weil.

tion ait une forte instruction spéciale pour son arme, mais il faut encore qu'il soit parfaitement à même de commander les troupes de toutes les armes et qu'il connaisse aussi bien leur organisation que les convenances qui leur sont particulières, en station, en marche et dans le combat » (1).

« On a parlé d'une science d'état-major, dit le général Bronsart de Schellendorff (2), elle n'existe pas. Pour être à la hauteur de la mission qui lui incombe, l'officier d'état-major doit posséder, cela va de soi, des connaissances militaires fort étendues. C'est dans cette instruction acquise que réside l'élément intellectuel dont chacun de ses actes doit porter l'empreinte. — L'officier d'état-major doit, en temps de paix se préparer, sous tous les rapports, aux graves fonctions qui lui incombent en temps de guerre. — C'est, il est vrai, ce que l'on peut dire de tout officier, mais cette obligation s'impose surtout à l'officier d'état-major, qui est à chaque instant appelé en campagne, à des fonctions qui sont du ressort d'officiers d'un grade supérieur au sien, et qui nécessitent une expérience pratique dont il manque souvent. L'officier d'état-major doit donc chercher, par des études incessantes, à combler cette lacune, et c'est alors seulement qu'il pourra rendre à son général et aux troupes placées sous ses ordres, des services d'une utilité réelle » (3).

En fait d'instruction, d'ailleurs, on n'est riche au jour de l'application que lorsqu'on est trop riche; dans ce moment suprême, il est trop tard pour apprendre et il est temps de choisir le nécessaire et d'oublier l'inutile. Du reste, la guerre présente tant

---

(1) Sobieski.
(2) *Le Service d'état-major*, traduction du capitaine Weil.
(3) *Idem.*

de chances diverses, que la réserve de notre instruction peut trouver ainsi son application inattendue ; et si cette application se rencontre, ne fût-ce qu'une seule fois dans notre vie, elle paiera cette fois-là une année de peine (1).

Tout en s'occupant à développer son intelligence, l'officier d'état-major doit se garder de négliger ses aptitudes physiques, s'entretenir dans l'habitude des armes, et, par des relations fréquentes avec les troupes, se rendre compte de leur esprit et de leurs besoins. Une constitution physique vigoureuse, un caractère énergique, un jugement sûr, le sentiment des vertus militaires porté aussi haut que possible, une activité infatigable, un dévouement absolu, sont pour lui autant de qualités indispensables.

La constitution physique nous donne la puissance des moyens d'action, mais elle n'a de valeur réelle qu'autant que nous savons équilibrer les forces que la nature nous a données avec l'usage qui doit en être fait. Ces forces, nous devons les étudier avec soin, les développer par un entraînement de tous les instants et acquérir celles qui nous manquent par une hygiène rationnelle et progressive. Par ces soins virils donnés à notre être dès le temps de paix, nous arriverons à posséder, pour le grand jour de la guerre, une charpente qui sera en état d'aller aussi longtemps que l'intérêt du service l'exigera et, selon l'expression de Bossuet, nous pourrons montrer alors qu'une âme guerrière est toujours maîtresse du corps qu'elle anime.

La sûreté du jugement ne s'acquiert que par la maturité et l'expérience. — La maturité, dit-on, c'est l'époque où l'homme a atteint son complet développe-

---

(1) De Brack.

1.

ment physique et intellectuel; cette définition, généralement adoptée, est fausse ou tout au moins incomplète, car si, dans la vie matérielle de l'homme se trouve un âge où l'on peut dire que son être physique est complétement développé, on ne peut pas cependant fixer un terme au maximum de rendement de ses forces, pas plus qu'on ne peut assigner une date à son développement moral. La perfection n'appartient qu'à Dieu, l'homme n'est que perfectible et, si parfait que chacun de nous puisse chercher à devenir, au dernier jour il se demandera s'il est même entré dans la voie de la perfection.—La maturité, ce n'est donc pas seulement l'époque où l'homme a atteint son complet développement physique et moral, c'est aussi, c'est surtout le moment où il est devenu assez maître de lui-même pour pouvoir diriger ses forces et son esprit vers le but à atteindre. — C'est alors qu'il prendra l'habitude de la réflexion, qu'il établira le rapport qui doit exister entre ce qu'il a vu et les conclusions qu'il doit en retirer; et c'est ainsi qu'il commencera à acquérir l'expérience et qu'il arrivera à posséder une rectitude de jugement suffisante pour pouvoir se conduire et conduire les autres au milieu des occupations multiples qui lui incomberont.

Le sentiment des vertus militaires est, comme tout vrai sentiment, une conception de l'âme qu'on peut analyser, mais qu'on ne saurait définir; il repose sur l'idée de l'honneur et du devoir admise et poussée jusqu'aux dernières limites de l'abnégation et du dévouement, il est vivifié par la passion de la gloire, dirigé par l'amour du drapeau, et le drapeau c'est la patrie.

« Tout officier doit être nécessairement brave, mais l'officier d'état-major doit se distinguer par ce courage tranquille et froid qui impose aux masses. — Les soldats consultent sa physionomie aussi souvent qu'ils

en trouvent l'occasion, car le croyant informé de tout
ce qui se passe sur le champ de bataille, c'est sur sa
figure qu'ils cherchent à lire les dangers qu'ils auront
à surmonter. — Pour être un bon officier d'état-major,
il faut donc être plus brave que personne, aussi instruit
que possible, cavalier infatigable et particulièrement
zélé pour le bien du service (1). »

---

§ 2. Composition des différents états-majors en campagne.

La composition des états-majors, en campagne varie
naturellement suivant l'importance des éléments auxquels ils sont attachés.

État-major général d'armée.

La constitution des états-majors généraux d'armée
n'a pas encore été officiellement établie, je n'en par-
lerai donc que pour mémoire ; aux termes du règlement
sur le service en campagne (3 mai 1832 modifié par
l'ord. du 8 avril 1837, etc.) non encore revisé chaque
commandant d'armée est secondé directement par un
état-major qui prend le nom d'état-major général de
telle armée. Le chef de cet état-major général est un
général de division ou un général de brigade, assisté
d'un général de brigade ou d'un colonel d'état-major,
sous-chef d'état-major général.

Si plusieurs armées sont placées sous un seul commandement, le chef d'état-major général peut être un
maréchal de France, c'est au moins un général de division ; ce maréchal ou cet officier général, prend alors

---

(1) Sobieski.

le titre de major général, il est secondé par des généraux qui reçoivent le titre d'aide-major général.

L'état-major général de plusieurs armées réunies sous un même commandement est appelé *grand état-major général*.

État-major général d'un corps d'armée.

Un état-major appelé état-major général du corps d'armée et ayant pour chef un général de brigade ou un colonel du service d'état-major est adjoint à chaque commandant de corps d'armée. Cet état-major se compose de douze officiers, savoir : le général commandant en chef et ses deux officiers d'ordonnance, le général ou colonel, chef d'état-major général, deux chefs d'escadron d'état-major, trois capitaines d'état-major, deux officiers subalternes de réserve, 16 secrétaires.

Au quartier général du corps d'armée sont rattachés les états-majors de l'artillerie et du génie dont nous parlerons plus loin, la direction des services de l'intendance, du service médical, du service vétérinaire, du service de la trésorerie et des postes, la prévôté, la force publique, etc. (1).

Un sous-intendant militaire est chargé de l'administration du quartier général et des troupes non endivisionnées, la brigade de cavalerie de corps exceptée.

Un demi-escadron de dragons, avec trois officiers forme l'escorte du quartier général du corps d'armée.

État-major d'une division d'infanterie.

L'état-major d'une division d'infanterie se compose de sept officiers, savoir : le général commandant la division et son officier d'ordonnance, un officier supé-

---

(1) Pour tous les détails, voir chap. V.

rieur, chef d'état-major, trois capitaines d'état-major, un officier de réserve (capitaine, lieutenant ou sous-lieutenant).

Au quartier général de la division sont rattachés les états-majors divisionnaires de l'artillerie et du génie, la sous-intendance et le service de la trésorerie et des postes, la force publique, le personnel de la justice militaire, etc. (1).

Un peloton de cavalerie légère commandé par un officier forme l'escorte du quartier général de la division.

État-major d'une brigade d'infanterie.

L'état-major de la brigade d'infanterie se compose du général commandant la brigade et de deux officiers d'ordonnance (dont un de réserve).—3 secrétaires sont attachés à cet état-major.

États-majors de l'artillerie.

L'état-major de l'artillerie d'une armée est composé d'un général de division d'artillerie commandant l'artillerie de l'armée, secondé par un chef d'état-major du grade de général de brigade ou de colonel. Il comprend, en outre, un certain nombre d'officiers de tous grades et d'employés fixé selon les besoins du service. Un officier général d'artillerie ou un officier supérieur de l'armée peut être désigné pour remplir les fonctions de directeur des parcs de l'armée. Cet officier général ou supérieur a près de lui un certain nombre d'officiers ou d'employés pour assurer les besoins du service (2).

Lorsque plusieurs armées sont réunies sous un même

---

(1) Pour tous les détails, voir chap. V.

(2) Voir ci-dessus page 11, l'observation relative à la constitution des États-majors généraux d'armée.

commandement, l'état-major de l'artillerie est formé d'une manière analogue et prend le nom de *grand état-major de l'artillerie*.

L'état-major de l'artillerie d'un corps d'armée se compose, d'un général de brigade commandant l'artillerie du corps d'armée, d'un officier supérieur chef d'état-major, d'un officier d'artillerie, aide de camp, de deux capitaines adjoints et d'un garde d'artillerie. — A cet état-major sont attachés un certain nombre de secrétaires (régulièrement 2) et de canonniers d'escorte (régulièrement 6, dont un brigadier trompette).

Le général commandant l'artillerie étend son action sur tout le service de l'artillerie de l'armée à laquelle il est attaché.

« Il est du devoir d'un général d'artillerie de connaître l'ensemble des opérations de l'armée, puisqu'il est obligé de fournir d'armes et de munitions les corps dont elle se compose. — Ses relations avec les commandants d'artillerie, qui sont aux avant-postes doivent le mettre au courant de tous les mouvements de l'armée, et la conduite de son grand parc doit dépendre de ces renseignements (1) ».

Le général commandant l'artillerie réside ordinairement près du quartier général, de manière à pouvoir recevoir sans délai les ordres du commandant en chef et lui soumettre ses observations chaque fois qu'il le juge utile pour le besoin du service.

Il reçoit communication des plans de campagne et prend toutes les dispositions nécessaires pour en assurer le succès. Il est responsable de l'approvisionnement de l'armée ou du corps d'armée en matériel et en munitions.

---

(1) *Maximes de guerre de Napoléon.*

Les généraux commandant l'artillerie d'une armée ou d'un corps d'armée donnent seuls des ordres aux réserves et aux parcs d'artillerie.

Lorsqu'on marche à l'ennemi, le général commandant l'artillerie accompagne le général en chef dans toutes les reconnaissances, afin de choisir les positions qui conviennent le mieux à l'artillerie. — Pendant le combat il se tient près du général en chef pour recevoir ses ordres, à moins qu'il ne dirige lui-même les mouvements ou le feu de l'artillerie dans un instant décisif.

Les états-majors des deux groupes d'artillerie divisionnaire de chaque corps d'armée se composent de l'officier supérieur commandant l'artillerie de chaque division (colonel du régiment divisionnaire pour la 1re division, lieutenant-colonel du régiment divisionnaire pour la 2e division), auquel est adjoint un capitaine en second.

Le commandant de l'artillerie d'une division reçoit les ordres du général commandant cette division pour tout ce qui concerne le service, la police et la discipline.

Pour ce qui est du matériel et des approvisionnements, il relève directement du général commandant du corps d'armée.

Il tient régulièrement le commandant de l'artillerie du corps d'armée au courant de la situation exacte des approvisionnements et des mutations survenues chaque jour. Ces renseignements peuvent être fournis également au commandant de corps d'armée.

Toutes les propositions que le commandant de l'artillerie d'un groupe établit, pour l'avancement ou les récompenses, doivent être faites en deux expéditions, dont l'une est remise au général commandant la division, l'autre au général commandant l'artillerie.

« Les officiers supérieurs commandant l'artillerie des divisions doivent se tenir en relations continuelles et régulières avec les commandants de ces divisions, pour être informés à propos des mouvements, obtenir des escortes s'il y a lieu, ainsi que des logements et cantonnements appropriés au service; enfin pour recevoir des distributions régulières de vivres ou de fourrages. Il est essentiel qu'ils connaissent d'avance les dispositions d'attaque et de défense, les positions à occuper, le but qu'on se propose, etc. .... Ils doivent, le cas échéant, présenter leurs observations et soumettre à qui de droit les mesures propres à donner à l'artillerie toute sa valeur » (1).

Le commandant de l'artillerie d'une division doit toujours se tenir à portée du commandant de cette division, l'accompagner dans les reconnaissances pour le choix des positions, et ne le quitter sur le champ de bataille, que pour prendre le commandement direct de son artillerie, si les circonstances l'exigent impérieusement.

États-majors du génie.

L'état-major du génie d'un corps d'armée se compose d'un général ou d'un colonel, commandant du génie du corps d'armée et d'un certain nombre d'officiers suivant les besoins du service.

Le corps du génie aux armées est chargé principalement des travaux de fortification permanente, et même de certains travaux de fortification passagère, des travaux nécessaires pour la défense et l'attaque des places; de la destruction, du rétablissement ou de la construction des ouvrages d'art, des voies de communication, de certains ponts, etc., etc.

----

(1) *Aide-mémoire de campagne de l'artillerie*, édition de 1864.

Lorsque plusieurs corps d'armée sont réunis en armée, il est institué un état-major du génie de l'armée, dirigé par un officier général, commandant du génie de l'armée, qui est assisté par un chef d'état-major du rang de général ou de colonel, et par un nombre d'officiers du génie déterminé selon les besoins. Le commandant du génie de l'armée a sous ses ordres un directeur du parc du génie, qui doit être un officier supérieur et est secondé lui-même par un certain nombre d'officiers (1).

Lorsque plusieurs armées sont réunies sous un même commandement, l'état-major du génie prend le nom de grand état-major du génie.

État-major d'une division de cavalerie indépendante.

L'état-major d'une division de cavalerie indépendante se compose de huit officiers, savoir : le général commandant et ses deux officiers d'ordonnance, un lieutenant-colonel, chef d'état-major, un chef d'escadron et deux capitaines d'état-major, un capitaine en second de cavalerie auxiliaire d'état-major ; quatre secrétaires.

État-major d'une brigade de cavalerie.

L'état-major d'une brigade de cavalerie se compose de trois officiers, savoir le général commandant et ses deux officiers d'ordonnances ; deux secrétaires.

---

(1) Voir page 11, l'observation relative à la constitution des États-majors généraux d'armée.

CHAPITRE II.

Sommaire : § 1er. *Précis des fonctions inhérentes à certains emplois spéciaux dans les états-majors.* — Chef d'état-major. — Commandant du quartier général. — Aides de camp et officiers d'ordonnance. — Droit des officiers d'état-major au commandement.

§ 2. *Service général des officiers attachés aux états-majors.* — A. *Service en station.* — Service des bureaux. — Officiers de jour et officiers de piquet. — Rapport journalier. — Rédaction des ordres et de la correspondance militaire. — Transmission des ordres et de la correspondance, par la voie du rapport ; par officiers et estafettes ; par la poste ; par le télégraphe, alphabet Morse. — Classement des ordres et des différents documents. — Journal des marches.

B. *Service en marche.* — Service avant le combat. — Service pendant le combat. — Service après le combat.

Appendice : Fanions et lanternes.

---

§ 1er. Précis des fonctions inhérentes à certains emplois spéciaux dans les états-majors.

Chef d'état-major.

Les fonctions du chef d'état-major consistent :

« 1° A transmettre les ordres du général, et à exécuter ceux qu'il en reçoit personnellement, pour les mouvements de troupes, la surveillance de la marche des colonnes, le service de sûreté en marche et en station, l'établissement des cantonnements, des bivouacs et des camps, les travaux extérieurs, le service d'exploration et les reconnaissances, les renseignements de toute nature à recueillir sur l'ennemi, et toutes les autres parties du service ;

« 2° A donner au directeur de la télégraphie toutes les instructions nécessaires ;

« 3° A correspondre, par ordre, avec les commandants de l'artillerie et du génie, avec les intendants, et avec tous les chefs de service, afin de tenir le général exactement informé de tout ce qui intéresse l'armée;

« 4° A entretenir, par ordre, avec les corps des relations suivies pour en connaître la situation dans tous les détails;

« 5° A tenir le journal des marches et opérations, à fournir au commandant en chef et au ministre de la guerre les tableaux de la force et de l'emplacement des corps et des postes, les rapports sur les marches et les opérations, etc. (1);

« Le chef d'état-major est chargé de transmettre la pensée du généralissime sur les points les plus éloignés du théâtre de la guerre, de lui procurer les documents pour asseoir ses opérations. Associé à toutes les combinaisons, appelé à les transmettre, à les expliquer et même à en surveiller l'exécution dans leur ensemble, ainsi que dans les moindres détails, ses fonctions s'étendent à toutes les opérations d'une campagne » (2).

« Après le général en chef, dit le général Thiébault, le chef d'état-major général est celui qui, dans une armée, peut faire le plus de bien par sa capacité, ou le plus de mal par son insuffisance. A la fois l'homme du général en chef, de l'armée, du ministre, de l'État et du prince, il a à remplir, vis-à-vis d'eux tous, des devoirs qui l'honorent autant, lorsqu'il y suffit, qu'ils le déconsidèrent, dans le cas contraire. Sous les rapports du service, il doit au général en chef de mettre en action tout ce qu'il conçoit, de rédiger et de faire exécuter tout ce qu'il pense; il lui doit même la communication de tout ce qu'il croit pouvoir intéresser l'armée, et, sous tous les rapports, le tribut de ses

---

(1) *Aide-mémoire de l'officier d'état-major en campagne*, d'après le nouveau projet de règlement sur le service en campagne; 1re édition.
(2) Jomini.

idées. Il doit à l'armée la sollicitude la plus vive pour
tous ses besoins. Il doit au ministre de la guerre les
rapports les plus exacts et les plus circonstanciés. Il
doit à l'État de veiller à ce qu'en tout ce qui est com-
patible avec la guerre, les lois soient observées dans
l'armée. Mais, pour être en état de remplir dignement
de semblables devoirs, il faut réunir les qualités intellectuelles et morales les plus heureuses à un caractère
ferme, une grande capacité, les connaissances les plus
exactes et les plus étendues, et un grand ascendant. —
Relativement aux qualités intellectuelles et à celles qui
tiennent au caractère, il faut cet esprit d'ordre et de
méthode qui organise et classe le travail, cette fermeté
qui fait tenir à la marche établie, cette prévoyance qui
prépare, cette activité qui vivifie, cette justice qui en-
courage, cette sévérité qui retient, cet amour du devoir qui prévient les moindres négligences et fait toujours tendre au perfectionnement, cette vigilance qui
excite celle des autres et cette influence qui commande
le zèle et permet d'obtenir de chacun tout ce dont il est
capable. — Relativement aux qualités morales, il faut
ces formes qui ménagent l'amour-propre, adoucissent
l'effet des refus, et ajoutent au prix des faveurs ou des
grâces, et cette délicatesse, cette intégrité, qui commandent l'estime et la considération. — Relativement
à la capacité, il faut cette rectitude d'idées qu'an-
nonce toujours une rédaction facile, claire et concise ;
cette étude des hommes et des choses qui détermine
l'emploi des uns et le mode qui convient aux autres ;
cette pratique éclairée qui fait qu'aucune circonstance
importante n'échappe ; cette lucidité de pensées et cette
connaissance des détails qui font toujours employer le
mot propre ; ces ressources qui naissent du besoin et
se proportionnent à lui ; cette sagacité qui lève les
doutes, prévient les erreurs et éclaire les discussions ;

et ce jugement, qu'en sa qualité de premier conseil d'un général en chef, un chef d'état-major a tant d'occasions d'exercer dans la discussion journalière de ses projets les plus importants et de ses moindres pensées. — Enfin, relativement aux connaissances, il faut réunir à l'étude des règlements et des ordonnances et à celle des services, de l'emploi et des besoins des différentes armes, tout ce qui tient aux théories, et surtout à l'habitude de la guerre, et connaître non-seulement le pays qui y sert ou peut servir de théâtre, sous les rapports militaires et sous celui des produits et des ressources, mais toutes les campagnes qui y ont été faites, et cela plus encore par les mémoires particuliers qui en ont consacré les détails, que par l'histoire proprement dite qui est toujours insuffisante. — Cet assemblage de qualités, de talents et de connaissances dans un chef d'état-major général ne pourra cependant être réellement utilisé, qu'autant qu'il existera entre le général en chef et lui une confiance entière, et assez d'intimité pour que les communications soient fréquentes et faciles et pour en exclure cette réserve qui paralyse les moyens, tue le zèle, rend le rôle d'un chef d'état-major pénible, et lui ôte cette influence nécessaire, qu'il ne peut avoir que lorsque l'armée voit en lui l'homme identifié aux intentions du général en chef. »

Si nous pénétrons dans le détail des attributions du chef d'état-major, nous trouvons que c'est à lui qu'il appartient de régler, d'après les ordres du général, le service des distributions, de reconstituer si cela est nécessaire l'approvisionnement des trains régimentaires; de délimiter les zones de réquisition; d'assurer le service des avant-postes, de préparer tous les ordres de mouvement, etc.

C'est lui qui organise le service des bureaux de l'état-major et qui en assure le fonctionnement régulier.

Dans les marches il est toujours avec la fraction la plus menacée, examinant le terrain sous tous ses aspects, cherchant à faire profiter l'armée de tous les avantages que présente ce terrain, et à recueillir en même temps toutes les données possibles sur les positions, la force, les intentions de l'ennemi.

Avant le combat le chef d'état-major reconnaît les positions de l'adversaire et le terrain en avant du front de l'armée, ainsi que la liaison du corps auquel il appartient avec les corps voisins.

Pendant le combat, il se tient avec tous les officiers de l'état-major auprès de son général, afin de recevoir et de faire porter ses ordres, étudie et suscite au besoin les ordres nécessaires pour la marche en avant ou la marche en retraite.

Après le combat, c'est encore au chef d'état-major qu'il appartient de veiller immédiatement à l'établissement des bivouacs, camps ou cantonnements, de faire procéder à l'évacuation des blessés, d'établir les états de pertes, d'examiner rapidement les besoins de l'armée et de pourvoir à son réapprovisionnement, de préparer le compte rendu de la journée, etc., etc.

Commandant du quartier général.

« Un officier supérieur d'état-major est désigné pour commander le grand quartier général; il est spécialement chargé de tout le logement dans les lieux où le quartier général est établi; il reconnaît les emplacements à occuper par les postes et les gardes. Il se concerte avec le commandant de la gendarmerie pour maintenir au quartier général la police et le bon ordre. Les quartiers généraux des ailes et des divisions sont commandés par des officiers d'état-major désignés pour cet objet (1). »

____

(1) Ordonnance du 3 mai 1832 sur le service des armées en cam-

Le commandant du quartier général est généralement un chef d'escadron pour un corps d'armée, un capitaine pour une division ; il est placé sous les ordres directs du chef d'état-major.

Il est spécialement chargé, en marche, de tout le logement dans les localités où le quartier général est établi et exerce alors dans ces localités les fonctions de major de garnison.

C'est le commandant du quartier général qui veille à l'installation des bureaux de l'état-major, et à la sûreté de tout le quartier général, il commande toutes les gardes et leur donne les consignes ; c'est lui qui règle le service de l'escorte des plantons et des estafettes, qui fixe les heures et les lieux de rassemblement des voitures à bagages du quartier général, etc.

Le service des prisons, le service vétérinaire rentrent également dans ses attributions.

Aides de camp et officiers d'ordonnance.

On me permettra de réunir dans un même paragraphe ce qui concerne les aides de camp et les officiers d'ordonnance, ces deux catégories d'officiers qui diffèrent surtout par leur recrutement, ayant un service à peu près identique.

Les aides de camp sont attachés aux généraux d'une manière plus directe que les autres officiers de son état-major et lui doivent un concours plus intime.

« Rien ne précise les fonctions des aides de camp, dit le général Thiébault, si ce n'est sous le rapport de la transmission des ordres verbaux, pour laquelle ils ont un caractère officiel ; on doit ajouter cependant que

---

pagne, modifié conformément aux termes de l'ordonnance du 9 déc. 1840.

toutes les missions compatibles avec leurs grades, et qui sont de nature à être remplies par des officiers d'état-major, peuvent également l'être par des aides de camp, d'après les ordres de leurs généraux, à la disposition exclusive desquels ils sont. »

« A l'armée, leurs devoirs particuliers sont : la connaissance de l'emplacement des troupes et des quartiers généraux, des positions principales, routes et postes, de la composition des colonnes, du nom des généraux, des ordres de combat. Sur le champ de bataille, ils surveillent les manœuvres des lignes ennemies pour y appeler au besoin l'attention du général ; leur rôle consiste surtout à porter ses ordres ; mais ce rôle n'est point purement mécanique, car un ordre mal transmis ou faussement interprété peut entraîner les plus funestes conséquences. L'aide de camp doit donc non-seulement retenir la lettre de l'ordre, mais encore en comprendre l'esprit et l'intention ; il doit en surveiller l'exécution, et s'il voit que cette exécution, répondant quelquefois à la lettre, ne répond pas à l'esprit de l'ordre, il doit avoir assez de fermeté pour la faire rectifier au nom de son général, en assumant, pour ainsi dire, toute la responsabilité. Si un ordre dont il est porteur n'est plus opportun, il doit en juger, et, s'il en est temps, retourner prendre de nouvelles instructions (1). »

Ce qui distingue plus particulièrement l'aide de camp des autres officiers d'état-major c'est la confiance et l'intimité du général ; il est donc plus propre que les autres à remplir certaines missions confidentielles qui se rapportent plus à l'action morale qu'à l'action technique du commandement.

---

(1) De Rouvre.

Droit des officiers d'état-major au commandement.

Aux termes de l'art. 10 de l'ordonnance du 3 mai 1832 sur le service des armées en campagne, modifiée conformément à l'ordonnance du 9 décembre 1840, les officiers d'état-major, dans les missions spéciales qui leur sont confiées, ont, à grade égal, le commandement sur tous les autres officiers employés dans la même mission. Lorsqu'un officier d'état-major est chargé de diriger une expédition ou une reconnaissance sans avoir le commandement de la troupe, le chef de cette troupe et les officiers des autres armes doivent se concerter avec lui pour toutes les dispositions qui peuvent assurer le succès de l'opération. Les prescriptions des deux paragraphes précédents s'appliquent à tout officier chargé d'une mission spéciale à laquelle des troupes doivent concourir. Un officier d'état-major chargé de la direction ou même du commandement d'une troupe dans un poste ou dans une opération, ne peut étendre son autorité au personnel, à l'administration ni à la discipline intérieure de cette troupe. Les officiers supérieurs d'état-major peuvent, sur la proposition du lieutenant général divisionnaire, être appelés par le commandant en chef à remplir, *par intérim*, dans les régiments des fonctions de leur grade.

§ 2. Service général des officiers attachés aux états-majors.

A. SERVICE EN STATION.

Service des bureaux. — Officier de jour et officier de piquet.

Le bureau de l'état-major doit être installé, autant que possible, de telle façon qu'on puisse y écrire et travailler à toute heure de jour et de nuit.

Les officiers de l'état-major doivent être logés à proximité du quartier général, prendre autant que possible leur repas en commun et ne s'éloigner qu'avec l'autorisation du chef d'état-major. Tous doivent assister à la réunion quotidienne dite rapport de bureau, dans laquelle le chef d'état-major fait part de toutes les questions importantes.

Les officiers de l'état-major sont commandés chaque jour à tour de rôle pour le service du bureau. L'officier de jour ne doit s'absenter que sur un ordre formel de son chef direct ; il est responsable de la réception, de l'enregistrement et de l'expédition des ordres ; la nuit, il ouvre les dépêches qui arrivent et réveille, s'il y a lieu, le chef d'état-major, ou à défaut, l'officier général à la personne duquel il est attaché.

Quand des isolés se présentent au quartier général et qu'ils ne peuvent pas rejoindre à temps leur corps pour y être nourris, c'est à l'officier de jour qu'il appartient de les mettre en subsistance dans le corps qui fournit la garde du quartier général, ou, à défaut de garde spéciale dans un des corps voisins.

Si l'état-major ne se compose que d'un seul officier, cet officier ne doit quitter le lieu où est établi l'état-major que pour accompagner son chef direct ou pour transmettre les ordres que celui-ci le charge de porter. En tout cas, il ne doit jamais s'absenter sans que l'on sache où pouvoir le trouver, le cas échéant.

Indépendamment de l'officier de jour, on commande, dans les états-majors, un officier de piquet. Cet officier doit rester au quartier général et se tenir prêt à monter à cheval au premier signal.

Une des plus grandes préoccupations des officiers attachés aux états-majors, et naturellement des officiers de service, doit être d'éviter de commettre des indiscrétions et d'empêcher qu'il ne s'en commette par la faute des secrétaires sous leurs ordres.

« Dans les états-majors d'armée et même de corps d'armée, où les officiers sont relativement nombreux et d'où les ordres partent assez tôt pour qu'une indiscrétion commise puisse en permettre la connaissance à l'ennemi avant l'exécution, les ordres de quelque importance concernant les opérations seront écrits par des officiers. — Si l'on se sert de la presse, la minute sur papier autographique sera écrite par un officier ou un secrétaire très-sûr ; le tirage sera surveillé et l'écriture de la plaque sera effacée une fois le travail terminé. — On veillera à ne jamais laisser traîner dans les bureaux soit des cartes, soit des documents pouvant donner l'idée d'une mesure projetée et à ne laisser aucun papier derrière soi au moment du départ. — Il est bon que le bureau proprement dit n'ait qu'une entrée surveillée par un planton dont la consigne serait d'interdire rigoureusement le passage à toute personne inconnue. — L'officier de jour ne devra jamais indiquer à une personne étrangère à l'armée l'emplacement d'un quartier général ou d'un corps de troupe ; en donnant ces renseignements à la légère, on s'exposerait à renseigner les espions de l'ennemi. — La discrétion la plus absolue sera recommandée aux secrétaires et même aux soldats, ordonnances de l'état-major. Ces militaires seront l'objet d'une surveillance attentive ; ils ne devront jamais répondre aux questions des habitants leur demandant d'où l'on vient, où l'on va, quand on part, etc. C'est par leur intermédiaire inconscient que se commettent souvent des indiscrétions dont les conséquences peuvent être graves » (1).

Rapport journalier.

Chaque jour, à une heure fixée généralement d'une manière invariable, le commandant de l'armée, du corps d'armée, de la division ou de la brigade, réunit les chefs des différents éléments ou services placés sous ses ordres, ou leurs représentants, reçoit leurs rapports sur les événements survenus dans les vingt-quatre heures, leur donne ses ordres pour la journée, et répond à leurs demandes, de façon à n'avoir de correspondance à entretenir avec eux en dehors de ce moment que pour des cas imprévus et urgents. — Cette réunion s'appelle le rapport journalier, en cas d'absence ou d'empêchement du commandant de l'armée, du corps d'armée ou de la division, elle peut être présidée par le major général ou chef d'état-major général.

Les officiers désignés pour représenter au rapport journalier les chefs des différents éléments ou services, ne doivent être pris que parmi ceux qui sont parfaitement au courant de la situation de cet élément ou service, et en mesure de répondre à toutes les questions que le général leur ferait à ce sujet, comme de com-

---

(1) Conférences sur le service d'état-major faites en 1878 à l'École militaire supérieure, par M. le capitaine A...

2.

prendre les différentes dispositions qu'il pourrait prendre à leur égard.

Les officiers désignés pour assister au rapport du corps d'armée, sont généralement :

1° et 2° Un officier d'état-major pour chaque division d'infanterie ;

3° Un officier d'état-major pour la brigade de cavalerie ;

4° Le chef d'état-major de l'artillerie ;

5° Un fonctionnaire des services administratifs désigné par l'intendant ;

6° Le médecin en chef ;

7° Le commandant du quartier général ;

8° L'officier de gendarmerie prévôt ;

9° L'officier de cavalerie commandant l'escorte.

Ces officiers, aussitôt leur arrivée, remettent au bureau du quartier général les pièces dont ils sont porteurs, situations, rapports, etc., puis se rendent dans la salle du rapport où ils se tiennent à la disposition du général ou de son chef d'état-major pour leur donner de vive voix les explications qu'ils peuvent désirer. Ils reçoivent ensuite par écrit, et souvent verbalement, les ordres ou prescriptions pour la journée ; avant de quitter le quartier général ils ont la précaution de régler leur montre sur celle du chef d'état-major.

Des ordres.

Aux termes des articles 50, 51, 52 du règlement du 3 mai 1832, il existe deux séries d'ordres qui doivent être enregistrés sur deux registres différents, ou deux parties différentes d'un même registre, avec un numérotage spécial : les ordres particuliers et les ordres généraux.

« Les ordres particuliers ont pour objet : les mouvements à exécuter, les postes à établir, les déta-

« chements à fournir. L'usage s'en étend au personnel
» des officiers, aux détails de l'artillerie, du génie et
» des subsistances, aux relations avec les pays occu-
» pés; enfin, ils comprennent les ordres qu'il n'est
» pas nécessaire de faire connaître aux troupes » (1).

Les ordres généraux ou ordres du jour prennent la
dénomination d'ordres de telle armée, de tel corps
d'armée, etc...

Ils sont destinés à indiquer tout ce dont il importe
que l'armée soit instruite; éloges et reproches à faire
aux corps ou aux individus; lois et ordonnances relatives à l'armée, règles de police, heures et lieux de
distributions, etc...

Rédaction des ordres et de la correspondance militaire.

Les ordres peuvent être écrits sous forme de lettres;
on les rédige de préférence dans le style d'ordre purement militaire (extrait de l'art. 50 du règlement du
3 mai 1832). La rédaction des ordres est d'une importance quelquefois impossible à calculer, dit le général
Thiébault, ils doivent donc être faits avec cette connaissance des détails qui prévient les oublis, et avec
cette précision rigoureuse qui, avare d'expressions,
n'emploie que le mot juste et nécessaire.

La clarté et la simplicité de l'exposé, la concision
des termes, la précision des détails, sont autant de
qualités qu'il importe de trouver dans la rédaction des
ordres et dans toute la correspondance militaire.

« Il faut, dans la rédaction officielle, a dit le prince
de Metternich, chercher avant tout la clarté, la vérité
des choses, une exposition calme et dénuée de passion. — Les faits ne sont pas passionnés et dès qu'on
les laisse autant que possible parler eux-mêmes, on

____

(1) Extrait de l'ordonnance du 3 mai 1832.

peut dire même ce qui est dur, sans blesser. Toute exagération dans l'expression est nuisible : il faut donc être sobre de superlatifs ; presque jamais les choses ne les réclament, d'ordinaire, ils faussent la phrase. »

Pour obtenir la simplicité et la clarté, il importe surtout de se pénétrer de la question à traiter, d'en tracer préalablement un canevas qui permettra de classer ce que l'on veut dire dans l'ordre où cela doit être dit et d'arriver sans à-coup et sans répétition à la conclusion.

« On ajoutera à la clarté en faisant de chaque article l'objet d'un alinéa particulier et en le rendant le plus court possible ; enfin, pour ne rien oublier, on observera de bien déterminer relativement à chaque ordre, par qui et dans quel temps il doit être exécuté, par qui il doit être surveillé, et quelles sont les différentes personnes qu'on peut charger de rendre compte de son exécution (1). »

Pour obtenir la concision et la précision, supprimer tout ce qui ne contribue pas à éclairer la question à traiter.

Ne pas hésiter, quand même l'élégance de la phrase en serait compromise, à répéter plusieurs fois le même mot si cela est nécessaire ; faire des phrases courtes, employer les expressions usuelles et techniques.

Avoir le plus grand soin de désigner les localités d'une façon très-précise et la manière dont se prononce leur nom. L'importance de cette recommandation est extrême.

A ce sujet Sobieski rapporte l'anecdote suivante : Pendant le siége d'Anvers (1832), un régiment de cava-

---

(1) Général Thiébault.

lerie français arrivé à Termonde devait loger dans les communes environnantes. Un escadron ayant reçu son billet pour la commune de Buggenhaut (*prononcez Buguenotte*), sortit par la porte de Malines où il fut conduit par le major de place, quitta le pavé à l'endroit qui lui était indiqué et s'enfonça dans la campagne. Après avoir marché un certain temps, le commandant de l'escadron demanda aux paysans où était le village de Buge-en-Haut, et reçut pour réponse qu'on ne le connaissait point. Finalement, après une marche de trois à quatre heures, il fit voir son billet à un fermier près de Lippeloo qui, sachant le français, le fit revenir sur ses pas après lui avoir dit le véritable nom du village que l'escadron avait déjà traversé depuis deux heures sans s'en douter.

En France même beaucoup de nos noms de localités ne se prononcent pas du tout comme ils s'écrivent. Laon se prononce Lan, Craonne se dit Crane, Montrevault se dit Monrevaul et même Morrevault, etc.

En pays étrangers, il y aura à ajouter au nom généralement connu par les Français, le nom étranger de la localité et sa prononciation.

Ainsi Aix-la-Chapelle, en allemand *Aachen* (*prononcez Aaquenne*). Cologne, *Köln* (*prononcez Keulne*), etc.,

Se servir de termes géographiques pour indiquer les emplacements, et jamais des termes, à droite à gauche, devant, derrière. Écrire les heures en toutes lettres et mentionner s'il s'agit du matin ou du soir ; indiquer : 1°. L'autorité qui envoie l'ordre et le lieu où elle se trouve ;

2° Le jour et l'heure auxquels l'ordre est expédié ;

3° Les autorités auxquelles il est envoyé, et leurs adresses.

Enfin, pour faciliter le service et surtout lorsqu'on s'adresse aux états-majors de corps d'armée ou au ministre, on doit autant que possible ne traiter qu'une seule affaire sur la même feuille de papier. Cette précaution permet une plus prompte et plus facile répartition du travail dans les différentes sections ou bureaux.

Ne jamais laisser partir un ordre sans le collationner avec soin et sans vérifier s'il est daté, signé, enregistré et numéroté.

Transmission des ordres et de la correspondance par officiers et estafettes.

Autant que cela est possible, les officiers chefs de service envoient chaque jour au quartier général duquel ils relèvent, un officier ou sous-officier, pour y recevoir communication des ordres.

Les ordres qui ne peuvent être communiqués ainsi sont portés par les officiers attachés aux états-majors, ou envoyés par estafette, par le service ordinaire des postes, ou par la voie télégraphique.

L'envoi par officiers présente des garanties toutes spéciales et doit être employé pour toutes les communications importantes. Il arrive souvent qu'on ne remet à l'officier qu'un texte sommaire, qui sert en quelque sorte à l'accréditer; ce texte est complété alors par des indications verbales que l'officier répète avant de partir afin de pouvoir les reproduire au destinataire sans erreur et sans oubli. Cette question de l'envoi des dépêches verbales ou écrites, par officiers, et surtout celles de la transmission des ordres sur le champ de bataille, seront du reste traitées plus amplement ci-après, sous le titre de *Service pendant le combat*.

Quand des ordres cachetés sont portés par des sous-officiers ou des soldats d'ordonnance, l'adresse doit indiquer le lieu et l'heure du départ ; le reçu doit indiquer le lieu et l'heure de l'arrivée. (*Extrait de l'art. 50 du règlement du 3 mai* 1832).

Chaque état-major conserve les reçus des ordres qu'il a expédiés.

Les ordres remis aux cavaliers doivent indiquer l'itinéraire qu'ils ont à suivre et l'allure à laquelle ils doivent marcher : à la vitesse ordinaire, les cavaliers font 10 kilomètres à l'heure ; à la vitesse accélérée, 15, et à la vitesse rapide, 20.

Tous les ordres et toutes les pièces de correspondance ayant une certaine importance, doivent être renfermés dans une enveloppe cachetée.

Ces enveloppes, d'un format variable, sont généralement du type donné ci-dessous.

N°	Départ : h. min. { matin ou soir. } Arrivée : h. min. Signature du destinataire :	Vitesse { ordinaire. accélérée. rapide. }
	A M	
	à	
L'enveloppe doit être rendue au porteur.		

A la désignation *vitesse*, on maintient le mot indiquant l'allure à employer et on efface les deux autres.

L'enveloppe est rendue au porteur et sert de reçu.

Si l'enveloppe ne peut être immédiatement rendue au porteur, on lui délivre un récépissé portant :

Reçu de… (Monsieur le général commandant la…) une dépêche destinée à (Monsieur le…), portant le numéro… partie de… le…, à… heures… minutes du (matin ou soir), et arrivée le… à… heures… minutes du (matin ou soir) à…

Transmission des ordres par la poste.

On n'emploie généralement la poste que pour les affaires peu importantes, ou bien lorsque les distances sont trop considérables ; dans le cas où on se sert de ce mode de transmission, il est bon d'établir un bordereau de tout ce qu'on envoie par le même courrier, en désignant chaque pièce par le numéro d'enregistrement inscrit sur l'enveloppe, et de faire signer le bordereau comme reçu par le chef du bureau de poste. De même lorsque plusieurs ordres ou plusieurs lettres sont envoyés *sous une même enveloppe* par estafette ou par la poste, il est nécessaire de leur joindre un *bordereau d'envoi*.

Transmission des dépêches par voie télégraphique.

Ce mode de correspondance ne doit être employé que pour les dépêches urgentes et lorsque la distance ne permet pas de les faire parvenir à temps voulu par estafette.

Les articles 32 et 33 du règlement du 19 novembre 1874, sur la télégraphie militaire, précisent les conditions dans lesquelles s'expédient les télégrammes.

Les télégrammes devant toujours être écrits dans un style concis, il importe qu'ils soient clairs et intelligibles ; il faut donc éviter d'abuser des abréviations, et ne pas hésiter à répéter plusieurs fois le même mot si cela est nécessaire pour la clarté de la dépêche.

Il arrive souvent qu'on répond à un télégramme par ces simples mots : *Ordres exécutés*. C'est un tort. Cette réponse n'est pas suffisante, il faut rappeler sommairement l'ordre exécuté ou la mesure prise.

A l'appui de cette observation je citerai la dépêche suivante adressée par le Ministre de la guerre au préfet du Loiret le 30 août 1870.

« Vous me télégraphiez : « C'est fait », en réponse à une dépêche qui vous a été adressée. — Il passe plusieurs centaines de dépêches par jour à mon cabinet ; en outre, les quatre cinquièmes des dépêches du Ministère sont expédiées et reçues directement par les chefs de direction. — A quoi se rapporte votre réponse ? »

Enfin lorsqu'on expédie un télégramme, il est fort important de le faire répéter par la station qui l'a reçu afin de s'assurer qu'il a été bien compris.

Les officiers attachés à un état-major pouvant se trouver à chaque instant dans la nécessité d'envoyer ou de recevoir une dépêche par télégraphe, nous donnons ici le tableau de l'alphabet Morse, afin de leur permettre de transmettre, de recevoir ou de contrôler cette dépêche.

ALPHABET MORSE.

LETTRES,

a		o	
b		p	
c		q	
ch		r	
d		s	
e		t	
é		u	
f		v	
g		w	
h		x	
i		y	
j		z	
k		ä (a adouci en all.)	
l		ö (o adouci en all.)	
m		ü (u adouci en all.)	
n			

CHIFFRES.

1	
2	
3	
4	
5	
6	
7	
8	
9	
0 (1)	
Barre de fraction	

---

(1) La plupart des employés transmettent le zéro par le ▬▬▬ beaucoup plus rapide, mais qui se confond souvent avec le T.

PONCTUATION.

Point ....

Point et virgule ....

Virgule ....

Deux points ....

Point d'interrogation ou demande de
   répétition d'une transmission non
   comprise ....

Point d'exclamation ....

Apostrophe ....

Alinéa ....

Trait d'union ....

Parenthèses ....

Guillemets ....

Signal de séparation entre différentes
   parties du texte ....

INDICATIONS DE SERVICE.

Dépêche officielle ....

Dépêche privée ....

Appel ....

Réception ou compris ....

Erreur ....

Fin de transmission ....

Invitation à transmettre ....

Attente ....

Classement des ordres et des différents documents.

Les ordres reçus, les minutes des ordres envoyés et
toutes les pièces de correspondance doivent être classés
méthodiquement et par ordre chronologique dans des
dossiers spéciaux pour chaque catégorie importante

d'affaires ; ils doivent être placés, dans chaque dossier, les plus anciens en dessous, et numérotés afin qu'on puisse s'apercevoir de la disparition de l'un deux ; si on a le temps, il est bon d'enregistrer le sommaire de chaque ordre ou document, avec son numéro de classement, sur la chemise du dossier qui le renferme, cela évite, ou au moins simplifie des recherches toujours longues et ennuyeuses.

Il est indispensable aussi, d'avoir un registre ou carnet spécialement destiné à l'enregistrement des ordres reçus ou envoyés.

Ce registre peut être établi de la façon suivante :

Sur le verso de chaque feuille sont inscrits au jour le jour et par dates de réception ou d'expédition (jours et heures) les ordres reçus ou donnés ; une colonne est destinée à l'inscription de la date d'arrivée ou d'envoi ; une seconde, à l'indication de l'autorité qui a envoyé l'ordre ; une troisième contient l'indication de l'autorité à laquelle l'ordre a été adressé, avec mention exacte de l'adresse et sommaire des dispositions contenues dans l'ordre ; une quatrième colonne indique le registre ou dossier dans lequel on peut retrouver la minute originale.

Le recto de la feuille suivante est réservé pour inscrire en face de chaque ordre, d'une manière succincte, la suite donnée.

Lorsqu'un ordre traite de différentes questions qui doivent être inscrites ou classées dans des registres ou dossiers spéciaux, il est indispensable de faire de chacune de ces questions, l'objet d'une mention ou d'une fiche que l'on doit inscrire ou classer dans chaque registre ou dossier correspondant.

Indication des carnets généralement employés
dans les états-majors.

Pour le service de campagne il importe de simplifier autant que possible le nombre des registres à emporter; il est avantageux aussi de n'employer pour l'enregistrement que des registres de petit format, des carnets, qui peuvent trouver place dans les sacoches, de telle sorte que les états-majors puissent fonctionner régulièrement sans attendre l'arrivée de leurs voitures.

Dans la plupart des états-majors, on emploie 8 carnets pour l'enregistrement des ordres ou documents dont il importe de conserver les traces, savoir :

Un carnet n° 1, contenant la minute des décisions du général, écrites dans l'ordre chronologique et signées par lui;

Un carnet n° 2, servant de memento au chef d'état-major. Ce carnet contient la note des états de situation à fournir, la note des affaires à suivre, l'ordre pour commander le service de jour, l'indication des adresses des officiers généraux ou supérieurs et des fonctionnaires de l'intendance, les indications sommaires sur le cantonnement des troupes, etc...

Un carnet n° 3 ou carnet répertoire, donnant jour par jour l'analyse sommaire de tous les ordres, dépêches, circulaires, etc. reçus ou envoyés.

Ces trois carnets et le journal des marches et opérations dont il est question ci-après, pourraient suffire au besoin pour le service; on y ajoute cependant généralement :

Un carnet n° 4, pour l'enregistrement des ordres généraux donnés;

Un carnet n° 5, pour l'enregistrement de la correspondance générale;

Un carnet n° 6, pour l'enregistrement des situations fournies ;

Un carnet n° 7, pour les affaires concernant la justice militaire ;

Enfin *un carnet* n° 8 ou *journal des marches et opérations*, dont l'emploi est rendu obligatoire par une décision spéciale et sur la tenue duquel nous allons insister d'une façon toute particulière.

Journal des marches et des opérations.

Aux termes de l'instruction du 5 décembre 1874, un registre-journal, intitulé journal des marches et opérations doit être tenu par tous les chefs de corps et les officiers généraux ou supérieurs, pourvus d'un commandement en qualité de chefs de service.

On doit consigner sur ce registre, jour par jour, sans intervalles ni grattages le résumé des ordres reçus et donnés, les renseignements recueillis et tous les détails relatifs aux marches et cantonnements, au service de sûreté, aux reconnaissances, combats, etc. — Ce registre-journal doit être accompagné d'un dossier de pièces justificatives.

« La tenue du journal de marche d'un état-major, doit être considérée comme une des missions les plus délicates qui puisse être confiée à un officier. Le journal de marche a pour but de rendre compte des événements à mesure qu'ils se produisent ; il doit en outre renfermer toutes les observations et tous les renseignements qui peuvent être utiles dans la suite. — Aucun des incidents qui se présentent, soit en marche, soit en station, soit pendant le combat, ne doit être passé sous silence ; il faut en mentionner les causes, les effets : aussi l'exactitude la plus scrupuleuse et la plus consciencieuse doit-elle présider à sa rédaction et l'on ne doit reculer ni devant la mention d'un nom propre, ni devant la divulgation d'un fait de quelque nature que ce soit. De là, le caractère essentiellement confidentiel du journal de marche, rédigé sous la direction du général commandant et du chef d'état-major » (1).

Nous donnons ci-après le texte complet de la circulaire ministérielle datée du 5 décembre 1874, émanée du 3e bureau de l'état-major général du Ministre, et qui fournit toutes les instructions nécessaires pour la rédaction des journaux de marche.

Cette circulaire est ainsi conçue :

« A l'avenir, les historiques des corps de troupe seront établis conformément au modèle ci-joint.

« Ils porteront le titre de : Journal des marches et opérations du (régiment, bataillon, etc.) pendant la campagne entreprise en ..... du .... au 18   .

« On observera, pour la rédaction de ce journal, les règles suivantes :

« *Effectif au jour du départ.* — Indiquer la composition du corps au jour du départ.

« Tableau nominatif des officiers classés par bataillon, compagnies, escadrons ou batteries.

« Chiffre de l'effectif en sous-officiers, et hommes de troupe.

« Nombre de chevaux.

« *Mise en route.* — Indiquer la date de la mise en route et le point de concentration sur lequel le corps est dirigé.

« Le corps voyage par chemin de fer ou par étapes.

« Date de l'arrivée au point de concentration et indication du corps d'armée, de la division et de la brigade dont le corps fait partie.

---

(1) Conférences sur le service d'état-major faites à l'École militaire supérieure en 1878.

« *Rédaction de l'historique.* — Dans la rédaction de l'historique, on devra s'abstenir de commentaires ou d'appréciations sur l'origine et les causes de la campagne entreprise.

« L'historique d'un corps n'est que le récit fidèle, jour par jour, des faits, depuis la mise en route jusqu'à la fin des opérations ; il ne doit donc jamais être établi après coup.

« *Camps ou cantonnements.* — Emplacement du camp ou des cantonnements. Indiquer les corps qui campent à droite ou à gauche. Dire si l'on est en première ou en seconde ligne. Emplacement des grand'gardes.

« *Reconnaissances.* — Leur force et leur composition. But de la reconnaissance. Résultat obtenu.

« *Combats.* — Position du corps avant l'action. Indiquer l'heure du commencement de l'action, et, en général, *donner toujours* l'heure de la journée où un fait important se produit pendant l'engagement, tel que : changement de position, marche en avant, ou en retraite, occupation d'un point remarquable de la ligne de bataille, retraite d'un corps voisin combattant à droite ou à gauche.

« Mentionner si le corps se couvre par des travaux passagers :

« Tranchées-abris, fermes ou villages mis en état de défense et servant de point d'appui.

« Après l'action, indiquer la position conservée par le corps au moment où le combat à cessé. Mentionner l'heure.

« *Pertes.* — On s'attachera à indiquer *très-exactement* les pertes éprouvées par le corps dans chaque affaire en tués, blessés, prisonniers et disparus. Les officiers, sous-officiers et soldats y seront tous désignés nominativement. On se conformera pour le relevé des pertes après chaque rencontre, quelque peu importante qu'elle soit, au modèle A. Cet état sera intercalé dans le corps du récit, à la suite de l'action qui l'aura motivé. Si, dans la journée, des hommes sont tués ou blessés aux avant-postes ou en reconnaissance, le relevé en sera fait conformément au même modèle.

« Règle générale : Indiquer toutes les pertes au fur et à mesure qu'elles se produisent.

« Quant aux militaires de tout grade morts des suites de leurs blessures, ou morts de maladie, on en fera mention à la fin de l'historique, en se conformant à l'état modèle B.

« Enfin, toutes les pertes sont totalisées sur un état modèle C qui terminera le travail.

« *Récompenses.* — Les promotions, décorations et citations à l'ordre de l'armée devront être mentionnées au fur et à mesure qu'elles parviendront à la connaissance du chef de corps. En ce qui concerne les citations, on n'indiquera que les citations à l'ordre de l'armée. Celles-là seules sont des récompenses et figurent sur l'état des services. Les mutations survenues pendant la campagne parmi les officiers par suite d'avancement, remplacement, etc..., seront relevées sur un état modèle D.

« *Actions d'éclat.* — Les actions d'éclat seront mentionnées dans tous leurs détails, afin de pouvoir être citées plus tard comme exemples à suivre.

« *Situations.* — Après une affaire sérieuse où le corps aura éprouvé des pertes sensibles, il y aura lieu d'établir un nouveau tableau de composition du corps en officiers. Ce tableau mentionnera également l'effectif restant (sous-officiers et troupe).

« *Observations générales.* — Les appréciations de personnes devront être scrupuleusement évitées. Les ordres reçus ne seront l'objet d'aucun commentaire.

« Chaque journée de la campagne, à partir du jour

3.

de départ, aura sa date inscrite en marge du journal.

« Ne pas perdre de vue que les historiques de corps doivent servir à l'établissement d'un travail d'ensemble.

« Ce travail ne sera possible qu'à la condition que les faits relatés par les corps ayant concouru à la même affaire pourront être facilement comparés entre eux, et cette comparaison, pour être faite, exige impérieusement l'indication exacte des dates et des heures.

« Si le corps fait des prisonniers à l'ennemi, on en indiquera le nombre, on donnera autant que possible les noms et les grades des officiers ennemis faits prisonniers.

« Les dimensions du papier sur lequel ces historiques devront être établis seront celles du format dit tellière, ayant trente-un centimètres sur vingt.

« MM. les officiers généraux pourvus d'un commandement, veilleront à ce qu'il soit tenu à leur état-major, un registre-journal dans une forme analogue à celle qui est prescrite pour la tenue des historiques des corps de troupes. Ce journal devra mentionner tous les événements à mesure qu'ils se produisent. Aucun des incidents importants qui se présentent, soit en marche, soit en station, soit pendant le combat, ne doit être passé sous silence.

« On consignera sur ce registre, jour par jour, sans intervalles ni grattages, le résumé des ordres reçus et donnés, les renseignements recueillis et tous les détails relatifs aux marches, cantonnements ou bivouacs, au service de sûreté, aux reconnaissances, aux manœuvres et aux combats.

« Il y sera joint un dossier de pièces justificatives telles que situations sommaires, copie des ordres généraux et particuliers, rapports complémentaires, tableaux de marche, de cantonnements, ordres de mouvement, etc... »

Un moyen fort simple qui permet de réduire de beaucoup les difficultés que peut présenter à première vue la rédaction d'un journal de marche, consiste à emporter toujours avec soi un carnet sur lequel on marque, aussitôt qu'on en a le temps, les incidents remarquables qui ont pu se produire et une carte sur laquelle on indique rapidement au crayon, les emplacements et les objectifs ainsi que les mouvements accomplis. A l'aide de ces renseignements, il est très facile, lorsque le moment est venu, de reconstituer exactement tous les faits saillants de la journée, et ainsi de rédiger le journal des marches et opérations.

TABLEAUX

A JOINDRE AU JOURNAL DES MARCHES ET OPÉRATIONS.

MODÈLE A.   ᵉ RÉGIMENT.

État nominatif des officiers, sous-officiers et soldats tués, blessés faits prisonniers ou disparus au combat de..., le... 18 .

NOMS.	GRADES.	Tués.	Blessés.	Prisonniers.	Disparus.	Chevaux tués ou perdus.	OBSERVATIONS.
TOTAUX....							
TOTAL GÉNÉRAL......							

MODÈLE B.   ᵉ RÉGIMENT.

État nominatif des officiers, sous-officiers et soldats morts des suites de leurs blessures ou morts de maladie dans les hôpitaux.

				MORTS		
NOMS.	GRADES.	DATES.	LIEUX.	des suites de blessures.	de maladie.	OBSERVATIONS
TOTAUX.........						

Modèle C

* RÉGIMENT.

État général des pertes éprouvées pendant la durée de la campagne.

NOMS des BATAILLES, combats et rencontres.	DATES.	OFFICIERS						SOUS-OFFICIERS ET SOLDATS						CHEVAUX TUÉS ou perdus.
		Tués.	Blessés.	MORTS des suites de blessures.	de maladie.	Prisonniers.	Disparus.	Tués.	Blessés.	MORTS des suites de blessures.	de maladie.	Prisonniers.	Disparus.	
TOTAUX....														
TOTAUX....														
TOTAL GÉNÉRAL............														

Modèle D

* RÉGIMENT.

Relevé des mutations survenues pendant la campagne parmi les officiers.

NOMS ET PRÉNOMS.	GRADES.	MUTATIONS.

B. SERVICE EN MARCHE ET SUR LE CHAMP DE BATAILLE.

Service en marche.

Pendant les marches, un officier de l'état-major est placé au point initial de chacune des unités. Il veille à ce que l'entrée en colonne ait lieu régulièrement aux heures prescrites, donne aux chefs de groupe tous les renseignements de détail qui peuvent leur être utiles, note l'instant de leur passage, la durée de l'écoulement, fait exécuter les ordres particuliers qui ont pu lui être laissés, et, quand il s'est assuré que tous les groupes sont entrés en colonne dans l'ordre prescrit, il rejoint son chef et lui rend compte de sa mission.

« Pendant les marches, les officiers de l'état-major doivent, dans la limite des ordres qu'ils reçoivent ou qu'ils provoquent, se tenir constamment au courant des mouvements de toutes les troupes ; s'assurer que les colonnes suivent bien les routes qui leur ont été indiquées ; faire jalonner ces routes, au besoin, veiller au maintien des communications entre les colonnes ; longer les colonnes, pour s'assurer qu'il n'y a pas de désordre dans la marche (1). »

L'officier d'état-major, lorsqu'il s'aperçoit d'une faute commise, ne doit faire aucune observation ; il se bornera à rendre exactement compte à son général de ce qu'il a remarqué. Dans le cas où il aurait constaté des fautes graves il devrait rallier son chef avec la plus grande rapidité et l'en informer.

« L'officier d'état-major, dit le général de Schellendorff (2), se tiendra pendant la marche à côté de son

---

(1) *Aide-mémoire de l'officier d'état-major en campagne*, 1879.
(2) *Le Service d'état-major*, par le colonel Bronsart von Schellendorff, traduction du capitaine Weil.

général, à moins que celui-ci ne lui ait assigné une autre place en le chargeant de missions d'une nature particulière. »

Nous allons indiquer quelques-unes de ces missions que l'officier d'état-major peut même en cas de besoin provoquer : — 1° se porter jusqu'à la tête et même en avant de la tête d'avant-garde, pour se procurer des renseignements sur l'ennemi et sur le terrain. Les différents renseignements relatifs au terrain peuvent comprendre alors le choix de positions d'avant-garde, de routes permettant de se déployer pour combattre, d'emplacements pour les bivouacs, de points pour les haltes, etc. ; — 2° longer toute la colonne pour s'assurer qu'elle continue à rester formée, sans s'allonger outre mesure ; les allongements insignifiants n'ont en effet aucune importance. Des allongements constants, ou l'accroissement des profondeurs de marche formées par les différents corps de troupes démontrent, au contraire, ou que la discipline de marche est défectueuse, ou que la tête marche trop vite, ou enfin que les troupes commencent à être à bout de forces. Dans ce dernier cas, l'infanterie laissera derrière elle de nombreux traînards. L'officier d'état-major doit revenir auprès de son général à une allure des plus vives, et lui rendre compte de ce qu'il a vu ; — 3° quand il est attaché à une colonne latérale, lui donner une direction, toutes les fois que, comme cela se présente, par exemple à l'occasion d'un combat, il y a lieu de diriger de ce côté sa propre colonne, en cessant alors de marcher dans la direction primordiale ; — 4° en retraite précéder la colonne jusqu'au défilé qu'elle devra traverser, et s'assurer que la colonne pourra s'y engager et le passer sans danger, sans rencontrer de résistance ; si par une raison quelconque la colonne doit faire halte avant de traverser le défilé, ou si l'ennemi la presse, on devra de suite rechercher une bonne position d'arrière-garde.

Service avant le combat.

Avant le combat, le général en chef fait paraître un ordre aussi bref, aussi concis que possible, et qui a pour but de renseigner les commandants de corps d'armée ou de division sur la situation du moment, sur le but à atteindre et sur le rôle que chacun doit jouer.

Les commandants de corps d'armée et à leur tour les commandants de division rédigent leur ordre de combat.

« Après avoir terminé la rédaction de ces ordres, dit le général Bronsart de Schellendorff, il est nécessaire de réunir tous les officiers de l'état-major, et même les officiers d'ordonnance qui y sont attachés, afin de leur en expliquer la teneur. Ce n'est que par ce moyen qu'on les mettra en état de s'acquitter dûment et en pleine connaissance de cause des missions dont ils seront chargés, et qu'ils pourront donner les éclaircissements nécessaires aux chefs subordonnés auxquels on les enverra porter un ordre ou une communication. »

Mais la lutte devient imminente, le contact est établi de toutes parts avec l'ennemi, les renseignements arrivent de tous côtés, exagérés ou amoindris suivant l'état de nervosité de ceux qui les donnent, chacun s'enflamme, chacun se grise déjà de l'action qui va s'engager, et c'est alors cependant que plus que jamais il faut savoir dominer son ardeur, maîtriser son émotion et par un énergique effort de volonté remplacer par un imperturbable sang-froid l'enthousiasme fougueux que met en tout homme de cœur la fièvre de la bataille.

Les renseignements transmis à ce moment peuvent

avoir en effet une importance capitale sur les décisions du commandant en chef ; de même que ses ordres, s'ils sont entendus à la légère par un esprit trop surexcité, peuvent être dénaturés, mal transmis et amener les événements les plus désastreux.

« Rien n'est plus étourdissant à ce moment, dit Napoléon, que cette multitude de rapports d'officiers envoyés en reconnaissance ; les uns placent des corps d'armée où ils n'ont rencontré que des détachements, d'autres de simples détachements où ils auraient dû reconnaître des corps d'armée. Souvent ils n'ont pas vu de leurs yeux ce qu'ils rapportent, et ils n'ont fait que recueillir les ouï-dire de gens effrayés surpris ou émerveillés. Dans le chaos de ces rapports, l'esprit supérieur discerne la vérité, l'esprit médiocre se perd, et surtout, si une préoccupation antérieure existe, s'il y a penchant à croire que l'ennemi arrivera par un point plutôt que par un autre, les faits recueillis sont tous interprétés dans un seul sens pour peu qu'ils s'y prêtent. C'est ainsi que se produisent les grandes erreurs qui ruinent quelquefois les armées et les empires. »

Service pendant le combat.

Au moment du combat les commandants d'armée ou de corps d'armée envoient partout où une crise se prépare des officiers ayant leur confiance et dont la mission est de les renseigner sur les événements ainsi que sur les résolutions prises par les généraux divisionnaires. La transmission de ces renseignements aura lieu soit par télégrammes, soit au moyen de rapports envoyés par estafettes.

Les ordres sur le champ de bataille sont presque toujours donnés verbalement ; l'officier qui est chargé de les transmettre doit donc s'attacher en les recevant à bien les comprendre et à bien les interpréter.

« Le général fait connaître au porteur de l'ordre le but qu'il se propose en le lui donnant et le lui fait répéter avant son départ. Si la situation qui a motivé l'ordre s'est modifiée pendant le trajet de l'officier, celui-ci transmet l'ordre dans les termes mêmes où il lui a été donné et il y ajoute des explications sur le but que se proposait le général au moment où il l'a quitté, afin que le général qui reçoit l'ordre connaisse les intentions de son chef, et puisse prendre des dispositions qui rentrent dans ses vues et conviennent en même temps à la situation présente. Le porteur de l'ordre assiste au commencement de l'exécution afin d'en rendre compte à son chef (1). »

« Tout officier qui reçoit un ordre à porter, dit le général Thiébault, doit le recevoir le chapeau à la main, l'écouter avec la plus grande attention et le répéter après l'avoir reçu pour s'assurer qu'il l'a bien entendu, partir lentement d'abord afin de donner le temps d'y modifier quelque chose s'il y a lieu et de se le répéter à lui-même, et ensuite accélérer sa marche et son retour autant que cela lui est possible. »

Sur le champ de bataille, les distances à parcourir ne sont généralement que de quelques kilomètres au plus, le transport des ordres y demande surtout de la rapidité, il faut donc les porter au galop en franchissant tous les obstacles.

Sur un théâtre d'opérations ou dans une marche on peut avoir au contraire des distances considérables à franchir pour porter un ordre. Le fond est alors plus nécessaire que la rapidité momentanée.

« Pendant le combat il est surtout de la plus haute importance que les officiers d'état-major montrent le

---

(1) Général Berthaut. *Des marches et des combats.*

plus grand calme et s'abstiennent de toute sortie irré-
fléchie (1). »

Ils ne doivent quitter leur chef que sur son ordre
formel, et le rejoindre aussitôt que possible.

Dans la limite des ordres qu'ils reçoivent, qu'ils
transmettent ou qu'ils provoquent, les officiers attachés
à un état-major ont pour mission de reconnaître : « les
positions de l'ennemi et le terrain menant à l'ennemi ;
se renseigner sur les incidents du combat que le général ne peut apercevoir, sur la position de ses troupes et des troupes voisines, conduire certaines troupes, indiquer aux différents chefs de corps les routes
qu'il y a plus d'avantage à suivre ; faire parvenir à
destination les ordres importants ; recueillir et conserver tous les renseignements écrits que l'on reçoit,
en ayant soin d'indiquer sur les dépêches mêmes
l'heure de leur réception ; rédiger et faire partir les
renseignements à envoyer au général dont dépend
celui auquel ils sont attachés ; noter les heures des
incidents importants, veiller au remplacement des munitions sur la ligne de combat (2). »

Service après le combat.

Après le combat, les officiers attachés à un état-
major doivent prendre ou susciter toutes les mesures
possibles pour rétablir l'ordre parmi les troupes et veiller à leurs besoins ; soit que l'on marche en avant, soit
que l'on batte en retraite, il faut reconnaître les chemins, les désigner d'une manière spéciale surtout la
nuit, placer aux embranchements des routes des officiers, des sous-officiers ou même des cavaliers intel-

---

(1) Ludinghausen.
(2) *Aide-mémoire de l'officier d'état-major en campagne*, 1879.

ligents, munis d'instructions écrites indiquant les directions à prendre ainsi que les points de ralliement.

« Il me reste encore à dire que chacun des actes de l'officier d'état-major doit avoir pour point de départ *l'approbation* de son général. L'officier d'état-major ne devra pas toujours attendre qu'on lui attribue un rôle, mais il devra demander *la permission d'agir*, toutes les fois du moins que cette autorisation ne lui aura pas été donnée une fois pour toutes par rapport à certaines questions. Un officier d'état-major, instruit, actif, intelligent, honoré de la confiance de son chef, pourra donc parvenir sans peine à se rendre utile toutes les fois qu'il apportera dans ses actes le tact voulu. Si ce tact lui fait défaut, ou si son attention est absorbée par des choses insignifiantes, son oisiveté et son insuffisance mal dissimulées par une activité apparente ne tarderont pas à se faire jour. De semblables officiers ne sont pas plus faits pour servir dans l'état-major que pour remplir des fonctions importantes (1). »

Fanions et lanternes.

Pendant le jour les emplacements des différents quartiers généraux sont généralement indiqués par des fanions dont le modèle a été déterminé par une décision ministérielle. Cette même décision a indiqué la couleur des lanternes qui devaient servir à montrer pendant la nuit l'emplacement de ces mêmes quartiers généraux.

Ces renseignements peuvent être utiles aux officiers chargés de porter ou de faire parvenir des ordres; on les trouvera ci-après :

---

(1) *Le Service d'état-major*, par le colonel Bronsart von Schellendorff, traduction du capitaine Weil.

Général commandant un corps d'armée.

Fanion tricolore en forme de pavillon.
Lanterne avec verre blanc ou incolore.

*Général commandant la 1re division d'infanterie d'un corps
d'armée.*

Fanion écarlate en forme de pavillon, divisé sur son
milieu et dans sa hauteur par une bande blanche.
Lanterne avec verre rouge.

*Général commandant la 2e division d'infanterie d'un corps
d'armée.*

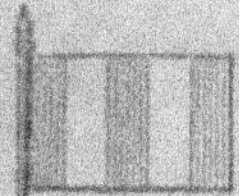

Fanion écarlate en forme de pavillon, divisé dans sa
hauteur par deux bandes blanches.
Lanterne avec verre rouge.

Général commandant la brigade d'artillerie d'un corps d'armée.

Fanion en forme de flamme, mi-partie écarlate et bleu
de ciel ; l'écarlate au sommet, le bleu de ciel à la
base.
Lanterne avec verre vert foncé.

Général commandant la brigade de cavalerie d'un corps d'armée.

Fanion en forme de flamme, mi-partie bleu de ciel et
blanc ; le bleu au sommet, le blanc à la base.
Lanterne avec verre vert foncé.

Ambulances.

Fanion en forme de pavillon, fond blanc, bordé écarlate,
avec croix de même nuance sur son milieu.
Deux lanternes dont une à verre rouge et l'autre à verre
blanc.

Commandant en chef d'une armée.

Fanion tricolore en forme de pavillon, avec une cravate
tricolore nouée au fer de lance de la hampe.
Lanterne avec verre blanc ou incolore.

Général de division commandant l'artillerie ou général de brigade commandant le génie d'une armée.

Fanion en forme de pavillon, écarlate et bleu de ciel, assemblés en diagonale, l'écarlate au sommet, le bleu à la base.

Lanterne avec verre rouge.

Général de division commandant une division de cavalerie indépendante.

Fanion en forme de pavillon, bleu de ciel et blanc, assemblés en diagonale, le bleu au sommet, le blanc à la base.

Lanterne avec verre rouge.

CHAPITRE III

DES RECONNAISSANCES ET DES MISSIONS SPÉCIALES.

§ 1er. Des reconnaissances en général.

Définition et objet.

On entend par reconnaissance militaire l'ensemble des travaux exécutés dans le but de renseigner le commandement sur les forces et les positions de l'ennemi, ainsi que sur le pays destiné à servir de théâtre à la guerre et exploré au point de vue de sa configuration et de l'application aux mouvements militaires des ressources qu'il présente.

« La base de toute question militaire, dit le général de Brack, est d'abord la connaissance du terrain sous son double aspect défensif et offensif ; puis celle de la position, de la force, et si l'on peut de la pensée de l'ennemi. — C'est pour établir avec certitude cette base que des officiers sont envoyés en reconnaissance. »

Le règlement sur le service en campagne fait la distinction de trois espèces de reconnaissances : les reconnaissances journalières ou défensives, les reconnaissances spéciales et les reconnaissances offensives.

Les reconnaissances journalières nécessaires à la sûreté des avant-postes ont pour but de reconnaître les mouvements, les préparatifs et la disposition des avant-postes de l'ennemi.

Les reconnaissances spéciales sont destinées à faire connaître la topographie du pays, et les renseignements nécessaires pour déterminer la marche des opérations.

Les reconnaissances offensives qui généralement ne sont ordonnées que par le général en chef ont pour objet de reconnaître aussi exactement que possible la position et les forces de l'armée ennemie.

A dire vrai la nature des reconnaissances peut varier à l'infini, et leur dénomination qualificative devrait surtout résulter du but poursuivi, mais quel que soit le nom qu'on leur donne, leur objet plus ou moins défini, plus ou moins étendu se renferme toujours dans la définition donnée en tête de ce paragraphe, définition que l'on peut compléter avec les termes de l'art. 110 du règlement du 2 mai 1833, consacré aux reconnaissances spéciales et qui est ainsi conçu :

Les reconnaissances spéciales ont pour but :

1º D'apprécier les distances, l'état des chemins et les travaux qu'il exige, la configuration du terrain et les facilités ou les obstacles qu'elle présente, afin de régler en conséquence la marche des colonnes et des différentes armes ;

2º D'explorer dans toutes leurs parties les positions à occuper successivement, soit pour appuyer les attaques, soit pour se maintenir en cas de résistance ou d'offensive de la part de l'ennemi, soit pour assurer la retraite ;

3° De reconnaître l'emplacement de la force des postes principaux ou retranchés de l'ennemi, la configuration de ses positions, les défenses qu'il peut y avoir établies, les difficultés ou les moyens de les aborder;

4° Enfin d'évaluer, autant que possible les forces de l'ennemi sur chaque point.

Le cadre de ce travail ne nous permettant pas d'étudier chacun des genres de reconnaissances déterminées par le règlement précité, nous nous contenterons de résumer ici les règles qui s'appliquent à toutes les reconnaissances en général.

Devoirs de l'officier envoyé en reconnaissance.

L'officier envoyé en reconnaissance est accompagné par un certain nombre de sous-officiers et de cavaliers choisis parmi les hommes intelligents, bien montés et susceptibles de transmettre au besoin rapidement et utilement un avis urgent. Le chiffre de cette escorte doit être presque toujours aussi réduit que possible.

« Les reconnaissances ne doivent être nombreuses que dans un seul cas, dit le général de Brack, celui où il faut qu'elles attaquent; dans tout autre cas elles ne doivent se composer que de quelques hommes intelligents et bien montés qui passent partout, peuvent se cacher partout et s'ils sont poursuivis ne sont pas obligés de s'attendre. »

L'officier doit emporter avec lui une carte détaillée, un carnet, une lunette, une boussole et si faire se peut, un instrument pour l'appréciation des distances. Il évitera avec soin d'avoir sur lui des notes ou des renseignements de nature à éclairer l'ennemi sur la force et la composition des troupes dont il fait partie, dans le cas où il viendrait à tomber entre ses mains.

Avant de partir, il s'assurera que les hommes qui doivent l'accompagner ont leurs armes en état, qu'ils sont munis de cartouches, que les chevaux sont bien ferrés et harnachés; s'il opère dans un pays dont il ne connaît pas la langue, il tâchera de se faire accompagner par un sous-officier ou cavalier au courant de cette langue, au besoin par un habitant du pays dont la vie dépend de la discrétion. Lorsqu'il devra dépasser les avant-postes de l'armée, l'officier envoyé en reconnaissance se présentera au général dont relèvent ces avant-postes et lui communiquera les instructions qu'il aura reçues.

Cet officier général lui fournira alors toutes les indications qu'il possédera lui-même sur les positions de l'ennemi et les localités avoisinantes; il donnera au besoin des ordres pour que la réserve d'avant-poste fournisse des troupes pour soutenir la reconnaissance. S'il est nécessaire de chasser l'ennemi d'une position pour mener cette reconnaissance à bonne fin, l'officier chargé de la reconnaissance en demandera préalablement l'autorisation au commandant du corps principal qui lui aura confié des troupes.

« Le commandement d'une reconnaissance exige la réunion de toutes les qualités militaires, dit le général de Brack; en effet, elle nécessite leur complet usage. Sur ce terrain neuf, où l'on est isolé, il faut se suffire à soi-même; trouver en ses propres forces des ressources en harmonie avec la gravité de sa responsabilité et l'importance relative de sa mission. — Il ne s'agit pas seulement de voir, mais de bien voir, pour ne pas fournir de faux renseignements au général qui réglera ses déterminations sur le rapport que vous lui ferez.

« Le premier soin d'un commandant de reconnaissance doit donc être de calculer les forces de son détachement, de les ménager pour les avoir toujours autant que possible à sa disposition.

« Les forces du cheval sont la fortune du cavalier ; si tout est dépensé en une heure, que reste-t-il après ?

« Que la reconnaissance qui a une longue route à faire et dont les heures ne sont pas comptées, calcule bien exactement ses forces, les compare, les harmonise avec toutes les exigences de sa mission et n'en dépense que ce qu'il faut à la fois.

« Qu'elle ne s'enfonce dans les terres molles qui fatiguent les chevaux, qu'elle ne double ses allures, que lorsqu'il le faut ; car la première nécessité matérielle d'un cavalier en reconnaissance, c'est un bon cheval en bon état.

« Que l'action soit toujours soumise à une réflexion juste et prompte. Que la vigilance la plus minutieuse observe et corrige ce qui peut ralentir, entraver, diviser l'action et détruise la cause des dangers inutiles. »

Le commandant d'une reconnaissance doit le plus souvent éviter de combattre ; si cependant un poste ennemi occupait un point qu'il lui importât absolument de connaître, il ne devrait pas hésiter à chercher à s'en emparer, mais il mettrait dans cette opération autant de sagesse et de vigueur que de rapidité. S'il était attaqué par un ennemi supérieur, il s'efforcerait de suppléer au nombre par le choix des positions et par une énergique résistance.

En résumé, un commandant de reconnaissance doit toujours allier la plus grande prudence au plus grand courage, éviter de combattre autant qu'il le pourra, mais combattre avec vigueur chaque fois qu'il y sera forcé, avoir toujours devant les yeux l'importance de son rôle et pour être assuré de ses troupes, il saisira toutes les occasions pour leur donner lui-même l'exemple de la valeur et du dévouement.

Il faut dans toute reconnaissance se rendre compte par soi-même de tous les renseignements dont on a besoin et ne s'en rapporter qu'avec la plus grande circonspection possible aux renseignements fournis par des tiers, même les mieux intentionnés.

Dans le compte rendu à faire, il faut pouvoir dire *j'ai vu*, *je me suis assuré*, et bien se garder de donner comme vu par soi ce qui a pu être vu par d'autres; on assume en effet alors une si haute responsabilité qu'on ne saurait trop prendre de précautions pour garantir le récit de toute inexactitude.

« Il n'y a rien de plus honteux pour un officier, dit Frédéric, que quand il fait de faux rapports, et que pour se disculper il dit s'être trompé et n'avoir pas bien vu. — Dans ces occasions, il faut examiner tout avec le plus grand soin, avoir un coup d'œil juste et se munir d'une bonne lunette d'approche. — Que rien ne puisse jamais l'intimider, qu'il surmonte tout, qu'il raisonne de ce qu'il verra avec ceux qui ont déjà fait plusieurs guerres, et leur demande leur sentiment. — Il s'assurera ainsi de tout ce qu'il a à dire, et ne prendra pas cent chevaux pour un régiment, ou un troupeau de moutons pour un corps d'infanterie, ce qui arrive cependant fort souvent. — Dites tout ce que vous savez, ce que vous croyez, mais ne mentez pas. Dites telle chose peut arriver, telle chose se fait, mais sur votre tête, n'affirmez rien que vous n'ayez vu. »

Quand il s'agira de faire la reconnaissance spéciale de points ayant une importance particulière, il sera bon d'étudier aussi attentivement que possible le pays qu'on aura à reconnaître à l'aide des documents qu'on possède déjà. — « L'histoire militaire du terrain, dit le général de Schellendorff, est un guide précieux qui mieux que tout autre indiquera la route que devront suivre les officiers chargés d'étudier ce terrain. Il est en effet mille principes stratégiques qui restent constants et invariables aux diverses époques de l'histoire et malgré les changements incessants de l'art militaire. Le passé a sous ce rapport une grande signification tant pour le présent que pour l'avenir. »

Reconnaissances spéciales. Exemple relatif aux officiers d'artillerie. — Si un officier est chargé seul de faire une reconnaissance, il doit se préoccuper de réunir à la fois tous les renseignements nécessaires pour atteindre le but que l'on se proposait, de manière à favoriser l'action des différentes armes. Si au contraire un officier est attaché à une reconnaissance en compagnie d'officiers appartenant à d'autres armes que la sienne, cet officier devra s'efforcer particulièrement d'étudier tous les détails qui importent au service de son arme.

S'il s'agit par exemple d'un officier d'artillerie, il devra examiner si le pays est découvert et favorable à l'action de l'artillerie, si les routes ne présentent pas à droite et à gauche des fossés assez larges et assez profonds pour empêcher le déploiement en batterie dans le cas où l'on serait surpris pendant la marche. — Il reconnaîtra les positions où il serait avantageux de placer des batteries pour arrêter l'ennemi dans une retraite ou pour appuyer un mouvement en avant; choisira les endroits les plus favorables pour le campement ou le bivouac de l'artillerie; se rendra compte de la force et de l'importance des cours d'eau, des endroits favorables pour jeter des ponts ou traverser à gué; examinera s'il se trouve à proximité des points choisis, des matériaux nécessaires soit pour la construction d'ouvrages de fortification passagère, soit pour l'établissement d'un pont de circonstance, etc.

Si l'objet de la reconnaissance n'est plus seulement

d'étudier un pays au point de vue général de ses ressources, de ses voies de communications, des positions de l'ennemi, etc..., mais par exemple d'examiner les détails et les abords d'une place et alors d'étudier spécialement de quelle façon elle pourra être le plus promptement réduite par le feu de l'artillerie, cette reconnaissance sera consacrée uniquement à l'examen de toutes les circonstances locales qui peuvent exercer une influence sur la conduite de l'exécution des travaux de l'artillerie.

L'officier d'artillerie qui y prend part ne se préoccupe encore que de ce qui concerne l'artillerie; il doit s'attacher surtout à relever les saillants des ouvrages de fortification en présence desquels il se trouve, ainsi que le prolongement de leurs faces, à étudier l'emplacement des batteries à construire, la nature du terrain sur lequel elles doivent être établies, les ressources que présente le pays pour cet établissement, la facilité des accès, etc...

« De bonnes cartes sont un auxiliaire précieux pour les reconnaissances; on ne saurait jamais pousser trop loin les efforts qu'on fera pour s'en procurer de bonnes, et souvent même on trouve dans le commerce des cartes détaillées qui, dressées pour satisfaire des besoins locaux et purement pratiques, contiennent cependant des données fort utiles aux officiers chargés de ces reconnaissances. Il va de soi qu'on devra alors comparer soigneusement l'aspect du terrain et le mode dont il est représenté sur la carte et faire subir à cette carte les corrections nécessaires » (1).

Rapports sur les reconnaissances.

Toute reconnaissance exige un rapport écrit; le

---

(1) Bronsart von Schellendorff, traduction du capitaine Weil.

style de ce rapport doit être clair, simple, positif ;
l'officier qui le fait y distingue expressément ce qu'il a
vu par lui-même, des récits dont il n'a pu vérifier personnellement l'exactitude. Pour les reconnaissances
spéciales, il est fait, outre le rapport, un levé à vue
des localités, des dispositions et défenses de l'ennemi.
(Art. 114 de l'ordonnance du 3 mai 1832).

Qualités que doit réunir un rapport sur les reconnaissances.

« L'exactitude scrupuleuse des faits qu'il contient,
la simplicité, la clarté de la rédaction, la netteté de
l'écriture, l'orthographe des noms propres, sont autant
de qualités indispensables à un rapport » (1).

Tout ce que nous avons dit plus haut au sujet de la
correspondance militaire s'applique également à la
rédaction de ce genre de travail.

Un rapport doit être très détaillé, et pour cela il
faut prendre exactement, au fur et à mesure de sa
marche, les notes qui serviront à l'établir ; de cette façon, rien n'échappe, tout est plus généralement vrai, et
la mémoire aidée n'est pas obligée de faire un effort pour
donner des à-peu-près, lorsqu'elle rassemble plus tard
ses divers souvenirs. Il ne faut pas cependant qu'un
rapport renferme des choses oiseuses et dont la connaissance est inutile au commandant en chef.

« Souvent un officier écrit l'histoire de sa reconnaissance, fait le récit détaillé de ses haltes, de ses
inquiétudes, etc., c'est du travail et du temps per-
dus (2). »

« Un rapport est bien fait lorsqu'il attire de suite l'attention du lecteur sur les objets les plus importants.
Il faut que ce dernier puisse trouver, dans des conclu-

---

(1) Général Du Brack.
(2) *Idem.*

sions aussi succinctes que possible, les moyens d'apprécier si et comment une portion de terrain ou un objet quelconque pourra être, tactiquement parlant, utilisé avec avantage (1). »

Pour obtenir la clarté si nécessaire à tout rapport, il importe que les renseignements qu'il contient soient classés méthodiquement. Ainsi, par exemple, on groupera dans une première partie tout ce qui concerne la description physique du terrain, les voies de communication, etc.; dans une seconde, on réunira ce qui a trait à la statistique; dans une troisième, on examinera les qualités militaires de ce même terrain.

Matières sur lesquelles doit porter un rapport de reconnaissance.

Nous donnons ici pour mémoire un sommaire des principales matières sur lesquelles peut porter un mémoire,

Données générales. — Position géographique du terrain parcouru. Aspect du terrain. Montagneux, accidenté ou plat, couvert ou découvert, sec ou marécageux; favorable ou non à l'action de l'artillerie, à son déploiement, au tir; obstacles naturels ou artificiels, haies, murs de clôture, routes et chemins nombreux ou non, etc...

Orographie. — Montagnes et collines, plateaux, cote des points principaux, vallées, etc.

Viabilité. — Routes et chemins, nature et état de la route, sa largeur; localités desservies, pentes; terrain environnant, facilités ou difficultés qu'il présente pour les mouvements de troupe, le déploiement des batteries, ponts et défilés, etc.

---

(1) Général Thiébault.

Chemins de fer. — A quelle ligne appartient la voie étudiée, son importance, est-elle à double ou simple voie? Remblais et tranchées, leur nature, ouvrages d'art, tunnels, viaducs, ponts, passages à niveau, etc.

Gares. — Importance de la gare, nombre de lignes qui y aboutissent, opportunité et possibilité de mettre la gare en état de défense. Nombre des employés de l'exploitation, de la voie et de la traction. Bâtiments d'exploitation, leur capacité; Voies principales de garage, de service. Quais couverts ou découverts. points sur lesquels on pourrait établir des quais provisoires ou des rampes mobiles. Grues de déchargement. Appareils télégraphiques. Réservoirs d'eau, moyen de les alimenter. Dépôt de machines.

Cours d'eau. — Rivières et ruisseaux, largeur, profondeur de l'eau et hauteur des berges, nature des rives, rapidité du courant, chutes ou barrages, îles, nature du fond, moyens de passage existants, bacs, bateaux; gués, leurs abords.

Défilés et passages. — Longueur, largeur, viabilité du défilé, moyens de le tourner. Étude au point de vue de l'attaque et de la défense.

Bois et forêts. — Position et étendue, domaine public ou particulier, futaie ou taillis, essences principales, coupes, clairières, terrains cultivés, chemins, étangs, cours d'eau. Étude au point de vue de l'attaque ou de la défense.

Lieux habités. — Divisions politiques ou administratives, renseignements sur la population, nombre, mœurs, cultes; description du pays, mode des constructions, édifices principaux; ressources pour le logement, le cantonnement et les vivres, pour les transports, pour la construction des ouvrages de campagne et pour les réparations du matériel. — Emplacements pour les parcs, les magasins, etc.

Positions de combat. — Étendue, profondeur, points d'appui, lignes de défense, débouchés et communications, mise en état de défense, forces nécessaires pour prendre, occuper ou défendre une position, établissement des batteries, construction des batteries provisoires, leurs forces, leurs objectifs probables, construction d'épaulements rapides, etc..., etc...

Si, comme nous en avons envisagé plus haut la possibilité, la reconnaissance a eu pour but d'étudier les travaux d'artillerie à effectuer pour l'attaque ou le bombardement d'une place, le rapport fait à la suite de cette reconnaissance spéciale devra contenir une description très exacte des abords de la place, du terrain sur lequel doivent être établies les batteries, le croquis de ces batteries, l'indication des matériaux nécessaires pour leur construction, et des lieux où on pourra se procurer ces matériaux, l'indication du nombre de travailleurs nécessaire et du temps probable qu'il faudra pour construire chaque batterie, la désignation motivée des bouches à feu qui devront l'armer et un tableau de tous les approvisionnements en munitions et armements de toutes sortes dont on pourra avoir besoin pour servir les pièces.

---

§ 2. Levés à vue et itinéraires.

Des levés à vue.

A chaque rapport qui accompagne une reconnaissance, doit être joint un levé à vue des localités et des différents points étudiés, ou tout au moins un itinéraire du terrain parcouru.

Pour faire un levé à vue, on procède comme pour

dessiner un paysage, avec cette différence qu'on projette les objets sur un plan horizontal au lieu de les projeter sur un plan vertical.

Dans un dessin de paysage, on rapporte tous les points à des lignes parallèles ou perpendiculaires à la ligne dite horizon ; dans un levé à vue, on trace les rayons partant du point de station et l'on place les objets par rapport à ces lignes, de manière à détruire, autant que possible, les effets de la perspective.

C'est dans ce placement des objets et dans l'évaluation des distances qui les sépare les uns des autres, et de l'observateur que résulte la plus grande difficulté qui s'attache toujours à l'exécution d'un bon levé à vue. On ne peut arriver à vaincre cette difficulté que par l'habitude de ce genre de travail, la juste connaissance de la portée de sa propre vue et un exercice suffisant dans l'évaluation de longueurs préalablement mesurées.

« Il est incontestable, dit Sobieski, que le premier aspect d'une grande étendue de pays en impose à nos yeux et à notre esprit par la quantité et la variété des objets qui couvrent le sol ; mais si nous parvenons à grouper dans notre pensée ces formes variées et à les renfermer dans des figures géométriques plus simples et dont nous avons l'habitude d'apprécier à l'œil les rapports de similitude, le travail sera réduit à transporter à l'échelle donnée sur le papier une certaine quantité de ces figures géométriques.

« Si l'on était chargé, par exemple, de lever à vue un carré parfait de quatre hectares de superficie, on commencerait naturellement par tracer sur le papier le contour de ce carré réduit à l'échelle voulue et l'on dessinerait d'abord les objets les plus rapprochés des côtés, en fixant à l'œil leur position. En avançant vers le centre, on déterminerait la position de points nouveaux en examinant leur position relativement à deux objets les plus proches et déjà dessinés sur la carte. En procédant de la sorte on finirait par lever à vue tout le carré. »

Mais dans la pratique il n'arrive presque jamais que le terrain soit circonscrit par des limites très apparentes et très régulières ; il faut donc commencer par déterminer aussi exactement que possible ce contour, ainsi que la position du point où on se trouve par rapport à ce contour. On tracera ensuite des rayons du tour d'horizon de la station, aux points les plus remarquables du contour et on aura ainsi une série de secteurs ou de triangles qu'il ne s'agira plus que de remplir.

On emploie quand on le peut, une carte topographique pour former le canevas du levé plus détaillé qu'on est chargé de faire, ou bien on fait ce canevas avec les instruments dont on peut disposer, et lorsqu'on a sa base d'opérations bien exacte, on procède par la méthode de triangulation dont il vient d'être question sans avoir à redouter d'erreur très grave si on prend soin d'agir avec attention. L'usage pour l'exécution des levés, d'un papier quadrillé dont tous les carrés ont une dimension exactement déterminée en millimètres, est très avantageux en ce qu'il permet de diminuer beaucoup la chance des erreurs provenant de la réduction des distances.

L'échelle adoptée généralement pour les levés est de 1/20.000.

Plus on aura apporté de soin et de précision à fixer les points principaux du contour par rapport au point de station, plus le croquis aura naturellement d'exactitude, de netteté, et plus aussi il se fera facilement.

Appréciation des distances.

L'appréciation des distances à l'œil nu est, avons-nous dit, une des plus grandes difficultés qui s'attachent à l'exécution d'un *levé*.

Tous les éléments du calcul peuvent varier, en effet, ici, d'après la vue de chacun, d'après la nature du terrain et d'après l'état de l'atmosphère. Les distances ne paraissent plus les mêmes dans un pays de plaine ou dans un pays fortement accidenté, après une pluie d'orage, qui a purifié l'atmosphère, ou pendant un temps lourd et brumeux.

« Les objets paraissent plus nets dans leurs différents détails et semblent, par suite, plus rapprochés qu'ils ne le sont réellement, quand ils sont éclairés directement, et s'ils sont de couleur claire ou si leur image se détache sur un fond clair. Si l'observateur tourne le dos au soleil, si le sol est plan, d'aspect uniforme, dépourvu de points remarquables pouvant servir de repères, s'il monte vers l'objet, la distance paraît encore plus petite que la distance vraie. — Dans toutes les conditions inverses, la distance paraît au contraire plus grande ; lorsque l'objet est mal éclairé ou sombre, quand on a le soleil en face, et aussi quand le sol est mouvementé, coupé de ravins ou couvert d'arbres et d'habitations » (1).

En tenant compte de ces considérations on admet qu'avec une vue moyenne et un temps clair, on peut apercevoir à l'horizon à une distance de :

15 à 20 kilomètres les clochers et les maisons iso-
lées,

8 à 12   —   les moulins à vent,

---

(1) Règlement provisoire du 17 mars 1879 sur les manœuvres et les évolutions des batteries attelées.

3 à 4 kilomètres les cheminées de couleur claire,
ainsi que les fenêtres d'une
maison.

2   —   le tronc des grands arbres; de
plus on aperçoit à un demi kilomètre les fenêtres,
à 200 ou 300 mètres les tuiles des toits d'un bâti-
ment.

Pour ce qui est de l'aspect des troupes vues aux différentes distances, l'instruction provisoire du 17 mars
1879, sur les manœuvres et les évolutions des batteries
attelées, nous fournit les données suivantes consacrées
par l'expérience :

A 200 mètres, on distingue toutes les parties du corps
d'un homme, mais les détails de la physionomie et de
l'uniforme sont un peu confus.

A 400 mètres, on reconnaît encore les mouvements
individuels, quand ils sont bien accusés; mais, si l'on
distingue encore la tête, on ne voit plus le visage ni
le point de contact des pieds avec le sol.

A 600 mètres, on peut dans un rang, compter les
files et distinguer les mouvements individuels, à condition toutefois que les hommes soient bien éclairés;
s'ils sont disposés en chaîne ou à genou, on ne les distingue bien que s'ils ont des vêtements de toile blanche.

A 800 mètres, on ne peut plus guère compter les
hommes dans le rang et on distingue mal les mouvements individuels, même quand ils sont bien accusés.

A 1000 mètres, un rang n'apparaît plus que comme
une bande, dont l'uniformité n'est rompue qu'en haut
par la ligne des têtes, et en bas par celle des jambes;
les files se distinguent à peine.

A 1200 mètres, si le terrain n'est pas plan et parfaitement régulier, ou si, dans ce cas, le but n'est pas
bien éclairé, on ne distingue plus la ligne des pieds,

mais on peut encore reconnaître si la troupe est formée sur un ou deux rangs, si les hommes sont coude à coude ou à un certain intervalle les uns des autres, s'ils sont à pied ou à cheval, s'ils exécutent des mouvements d'ensemble.

A 1500 mètres, les rangs n'ont plus que l'aspect d'une bande obscure, sur laquelle se détache seulement la ligne des épaules. Il en est encore de même si la troupe est à cheval, mais alors la bande est plus large et son bord supérieur est découpé en dentelures irrégulières.

A 1800 mètres, on peut compter les pièces et les caissons en marche par le flanc, sans pouvoir toutefois distinguer toujours la nature des voitures.

A 2000 mètres, on distingue encore la cavalerie de l'artillerie, mais les hommes et les chevaux n'apparaissent plus que comme des points.

On mesurera du reste au pas, ou au temps de marche, le plus de distances que l'on pourra.

Il est donc nécessaire d'étalonner son pas; pour cela on cherche combien de pas il faut faire pour parcourir 100 mètres; on répète l'expérience plusieurs fois et on prend une moyenne. On déduit de là le nombre de mètres qui correspond à 100 pas et on construit à l'échelle adoptée pour le levé, une échelle de pas.

Bien entendu ces mesures ne sont pas absolument exactes; la longueur du pas pouvant varier par suite d'une foule de causes telles que la fatigue, la pente, les difficultés du terrain. C'est à l'opérateur de se rendre compte de ces modifications.

Le pas du cheval se mesure également; il varie naturellement pour chaque cheval, mais on peut admettre, pour les chevaux de moyenne taille, tels, par exemple, que ceux qui sont employés dans l'artillerie, un pas métrique et un parcours par minute de :

110 à 120 mètres au pas,

250 à 260 — au trot,

330 à 350 — au galop,

d'où il résulte qu'avec ces chevaux on peut faire généralement un kilomètre en 9 minutes au pas, un kilomètre en 4 minutes au trot, un kilomètre en 3 minutes au galop.

Mesures des longueurs dans les pays étrangers.

Si on opère en pays étranger, il sera bon d'avoir sur soi l'indication exacte des valeurs comparatives des mesures itinéraires de ce pays avec le nôtre.

En Belgique, en Espagne, en Grèce, en Italie, dans les Pays-Bas, notre système métrique est adopté.

En Allemagne, la mesure itinéraire est comme chez nous le kilomètre; le mètre *stab* = 100 neuzoll ;

En Angleterre, la mesure itinéraire est le *mille* = 1.760 *yards* = 1.609 mètres 314 ; la toise (*fathom*) = 2 *yards* = 6 feet (6 pieds) = 1^m 829.

En Autriche-Hongrie, la mesure itinéraire est le *postmeile* qui vaut 7$_h$ 586 ; les mesures de longueur sont le *klafter* qui vaut 6 *fuss*, ou 72 *zoll* ou 1^m 896.

En Danemarck, l'unité itinéraire est le *müll* qui vaut 2.400 *fed*, soit 7^k 532, l'unité de longueur est le *rode*, qui vaut 5 *alen*, ou 10 *fod*, ou 120 *tommer*, soit 3^m 138.

En Norwège, les mesures sont les mêmes qu'en Danemarck à l'exception du *müll* qui vaut 11^k,295.

En Russie l'unité itinéraire est la *verste* de 500 *sagènes* qui égale 1 kilom. 067 ; dans les mesures de longueur, la *sagène* vaut 2^m,133.

En Suède l'unité itinéraire est le *mil* de 36,000 *fot* soit 10^k,688. Pour les mesures de longueur le *ref* = 10 *staenger* = 100 *fot* (pieds) = 29^m,690.

En Suisse, l'unité itinéraire est le *wegstunde*, la lieue, de 16,000 *fuss*, soit 4ᵏ,800 ; les mesures de longueur sont le *ruthe* qui vaut 10 *fuss*, ou 100 *zoll* ou 3 mètres ; le *klafter* qui vaut 3 *ellen* ou 4 *fuss*.

Mesures des pentes.

Tout en relevant les points importants, on se préoccupera d'indiquer sur le papier avec autant de soin que possible les différences de niveau qui existent entre les différents points, ce qui permettra d'établir des courbes de nivellement assez exactes et qu'on représentera ensuite lorsqu'on exécutera le travail à tête reposée par les procédés en usage dans tout dessin topographique.

On aura soin également de prendre note de l'inclinaison des pentes aussi exactement que possible.

« Les pentes de 0 à 5° ne sont pas un obstacle pour les troupes ; avec des pentes de 10°, l'infanterie a déjà de la peine à se mouvoir en ordre serré ; la cavalerie ne peut charger en descendant et ne peut le faire qu'avec peine en montant ; l'artillerie a de la difficulté à monter les côtes et doit enrayer en les descendant ; à 20° la cavalerie et l'artillerie ne peuvent plus se mouvoir en ordre : des cavaliers isolés peuvent seuls gravir ces pentes. Les pentes de 30° sont inaccessibles à l'infanterie en ordre compacte, et quand elles arrivent à 45°, des hommes isolés peuvent seuls parvenir à les gravir en grimpant (1). »

Instruments dont on peut se servir pour le levé à vue.
Boussole-rapporteur.

Il existe une grande quantité d'instruments portatifs destinés à mesurer les distances ou les angles et à faciliter ainsi l'établissement d'un levé. Parmi ces der-

---

(1) Bronsart von Schellendorff, traduction du capitaine Weil.

niers, nous citerons la boussole-rapporteur Hennequin, qui peut remplacer au besoin beaucoup d'objets toujours difficiles à transporter en route. Ce petit appareil qui ne tient pas plus de place qu'une montre, offre l'avantage de donner les angles horizontaux avec une approximation suffisante, de permettre de les rapporter immédiatement sur le papier sans le secours d'un rapporteur, et de mesurer les angles des pentes. Son usage nous a paru assez utile pour nous amener à donner ci-après la description de la boussole-rapporteur, telle qu'elle a été publiée par son inventeur.

La boussole-rapporteur se compose : 1° d'un anneau cylindrique à la base duquel est sertie une glace transparente portant l'indication des quatre points cardinaux. Au centre de cette glace s'élève un style qui sert de pivot à l'aiguille aimantée. En un point de la surface latérale de l'anneau se trouve un bouton qui permet d'arrêter à volonté le mouvement de l'aiguille ;

2° D'un limbe gradué ;

3° D'un disque plein en verre, fixé dans un anneau qui porte aux extrémités du diamètre 0°,180, tracé sur le disque deux alidades servant à viser les directions. Ce disque est mobile et son mouvement concentrique à celui de l'aiguille aimantée, entraîne le limbe.

4° D'un pendule mobile autour du style qui supporte l'aiguille.

Mesure des angles horizontaux. — Lorsque la boussole est placée horizontalement et que le jeu de l'aiguille est libre, la pointe bleue indique la direction du nord et reste constamment fixée sur cette direction. (Il n'y a pas lieu de tenir compte ici de la déclinaison magnétique. Cette erreur est constante pour les surfaces aussi faibles que celles sur lesquelles s'exécutent les reconnaissances et levés expédiés, on peut donc considérer la pointe bleue de l'aiguille comme indiquant exactement le Nord.)

Le problème de la mesure des angles horizontaux se présente alors sous deux aspects:

Ou l'on veut connaître l'angle que fait une direction quelconque avec la direction nord-sud (méridien du lieu, ce qu'on appelle déclinaison), ou l'on veut mesurer un angle quelconque.

Pour mesurer l'angle que fait une direction avec le méridien, il suffit de placer la boussole horizontale dans la main, en la faisant tourner jusqu'à ce que la pointe bleue de l'aiguille se trouve sur un des repères N. S. indiqués sur la glace inférieure, puis de faire tourner le disque mobile supérieur, jusqu'à ce que les alidades se trouvent bien dans la direction dont on veut avoir la déclinaison. On lit alors la graduation qui se trouve en face de la pointe bleue de l'aiguille. Cette graduation donne à l'est ou à l'ouest du méridien, l'angle formé par la direction cherchée avec le nord ou la déclinaison de cette direction.

Quand on veut mesurer l'amplitude d'un angle quelconque, il suffit, pour chacune des directions indiquées par un des côtés de l'angle, de répéter l'opération indiquée plus haut. On obtiendra la déclinaison des deux côtés. Une simple soustraction (et dans quelques cas particuliers une addition) donnera l'amplitude de l'angle cherché.

Dans la pratique des levés de toute nature on ne mesure pas directement les angles, mais bien la déclinaison des directions diverses dont il y a lieu de tenir compte sur le levé. Nous allons indiquer le moyen de les rapporter immédiatement sur le levé à l'aide de la boussole qui a servi à mesurer les angles.

Tracé des déclinaisons sur le papier. — Ainsi qu'on l'a vu plus haut, dans la description de la boussole-rapporteur Hennequin, la base inférieure de cet instrument, au lieu d'être, comme dans toutes les boussoles employées jusqu'à ce jour, métallique et par conséquent opaque, est formée d'une glace transparente portant les indications : N. S. E. O, ayant son centre indiqué par un pivot d'un diamètre aussi faible que possible. Le papier quadrillé, dont l'usage est spécialement recommandé, donne quels que soient les points de station, les directions N. S. E. O, pour chacun de ces points. Il suffit alors, une déclinaison quelconque étant mesurée, de placer la boussole sur le papier quadrillé de façon que son centre indiqué par la base du style porte exactement sur le point de station et que l'aiguille aimantée corresponde aux lignes tracées sur le papier dans le sens de cette orientation, N. S. On marque alors à l'aide d'un crayon à droite ou à gauche du méridien l'amplitude de l'angle mesuré, comptée à partir de l'indication N. par exemple sur le limbe de la boussole. En réunissant par une ligne droite le point ainsi marqué et le centre de station, on a la direction cherchée, indiquée immédiatement sur le papier.

Si du centre de station, plusieurs visés ont dû être exécutés, on les rapporte successivement, en ayant soin d'indiquer pour chacun d'eux le point du terrain qu'il concerne.

Réglage de l'instrument. — On place la boussole dans sa main et de façon que la pointe bleue de l'aiguille arrive sur le nord ou l'N gravé au fond de la boussole.

Usage pour le relever horizontal :

1° On vise avec l'alidade le point placé à l'extrémité de la direction qu'on va parcourir et on fait tourner le disque supérieur jusqu'à ce que l'on aperçoive l'objet auquel on veut viser, placé entre les réticicles de l'objectif. On pousse alors le petit bouton arrêtoir de l'aiguille et cette dernière devient immobile;

2° On prend alors la boussole comme rapporteur et on la place sur le papier quadrillé, l'aiguille orientée dans la direction nord du papier, le centre de la boussole au centre du point de station. On marque alors en face de l'objectif le point précis de la visée, et en réunissant le point station au point de visée on obtient une ligne qui occupe sur le papier exactement la même position que celle visée sur le terrain. On s'occupe ensuite de mesurer cette première direction par les procédés que nous avons indiqués plus haut et on en profite pour mettre à leur place les différents objets qu'il importe de relever.

Mesurage des angles de pente. — La boussole-rapporteur suffit également aux mesures des angles de pente. Quand on veut s'en servir pour cet usage, il suffit de suspendre la boussole par son anneau, de façon que le pendule prenne la position verticale indiquée sur la boussole par la lettre N (nord). On vise alors l'horizon du terrain, ou le point dont on veut avoir la hauteur *par les deux alidades.*

Si elles couvrent exactement la ligne E. O, c'est que le point visé est à la même hauteur que l'opérateur.

Si l'objectif remonte vers l'anneau, c'est que le point visé est plus élevé que le point de station. L'angle que fait alors la visée avec l'horizontale lorsqu'on se trouve au pied d'une pente est l'angle de pente du terrain. Cet angle se lit facilement à partir du point O.

Si l'objectif descend au contraire au-dessous de la ligne E. O, c'est que le point visé est plus bas que celui sur lequel on se trouve. L'angle de pente se mesure comme précédemment. C'est cet angle de pente qui permet de calculer les différences de niveau en tenant compte :

1° De l'angle mesuré ;

2° De la distance du point de station au point dont on veut avoir le nivellement.

Ces différences de niveau que la trigonométrie détermine avec une grande exactitude, s'obtiennent très approximativement par une simple construction rectiligne quand on agit sur de petits espaces.

Il suffit en effet de porter à une échelle quelconque une longueur égale à la distance du point de station au point visé, sur une ligne droite et à l'une des extrémités de cette ligne de tracer, à l'aide de la boussole rapporteur, un angle égal à l'angle mesuré.

En élevant une perpendiculaire à l'autre extrémité, la distance du pied de cette perpendiculaire au point d'intersection mesuré à la même échelle donne, en plus ou en moins, la différence de niveau.

Tableau de projection à l'horizon.

On pourra se servir du tableau ci-après pour déterminer la longueur de la projection d'une ligne de terrain en pente qu'on aura pu mesurer directement et dont la pente est connue.

Degrés de pente.	Projection d'une longueur d'un mètre mesurée sur le terrain.
5°	0,996
10°	0,985
15°	0,966
20°	0,940
25°	0,906
30°	0,866
35°	0,822
40°	0,729
45°	0,707

Résumé sur le levé à vue.

Le levé à vue exige certainement toute l'exactitude possible, mais il demande cependant à ne pas être traité avec cette pédanterie qui retarde le travail et ne procure que peu de bien ; il demande avant tout une espèce de tact qu'on ne peut acquérir qu'à la longue et par la pratique.

Un levé à vue gagnera beaucoup en netteté et en intérêt si on prend le soin de dessiner dans les marges une vue perspective des points les plus importants. Ces accessoires jettent une grande clarté sur l'ensemble du travail et permettent aux personnes qui ont à se servir du levé de se reconnaître beaucoup plus facilement lorsqu'elles se trouvent près d'un des sites reproduits.

Itinéraires.

On appelle itinéraire le tracé graphique d'une route et des accidents de terrain ou objets importants qui se trouvent à sa droite et à sa gauche. C'est donc un levé réduit à sa plus simple expression.

Il se fait en quelque sorte en marchant, le pas étant étalonné d'avance. Les changements de direction de la route suivie, les pentes, les maisons ou villages, les ponts, etc..., sont indiqués au fur et à mesure qu'on les rencontre ou qu'on passe près d'eux.

Généralement, on complète ces renseignements par un tableau d'itinéraire dont nous donnons un spécimen ci-après (page 84) ; si on ne peut fournir ce tableau, on inscrit sur les côtés de la feuille même sur laquelle est tracé l'itinéraire, les principales données topographiques ou statistiques que l'on peut avoir sur le pays parcouru.

Itinéraire de la route de   à   (Distance totale   kilomètres).

NOMS DES LIEUX et distances du point de départ.	DISTANCES d'un point à l'autre.	POINTS remarquables.	LARGEUR des routes.	VUES OU PROFILS des points remarquables.	DÉTAILS descriptifs.	OBSERVATIONS.

Nous terminerons ce qui a trait aux reconnaissances en donnant quelques indications sur les signes conventionnels employés en topographie, sur l'orientation, et sur la cartographie française et étrangère.

Signes et teintes conventionnels.

Nous donnons ici l'indication des signes et teintes conventionnels employés pour représenter les différents aspects d'un terrain ainsi que les emplacements des troupes.

A. Aspect du terrain.

Tableau des signes conventionnels employés dans la carte de France dressée par le Dépôt de la guerre à l'échelle métrique de $\frac{1}{80.000}$.

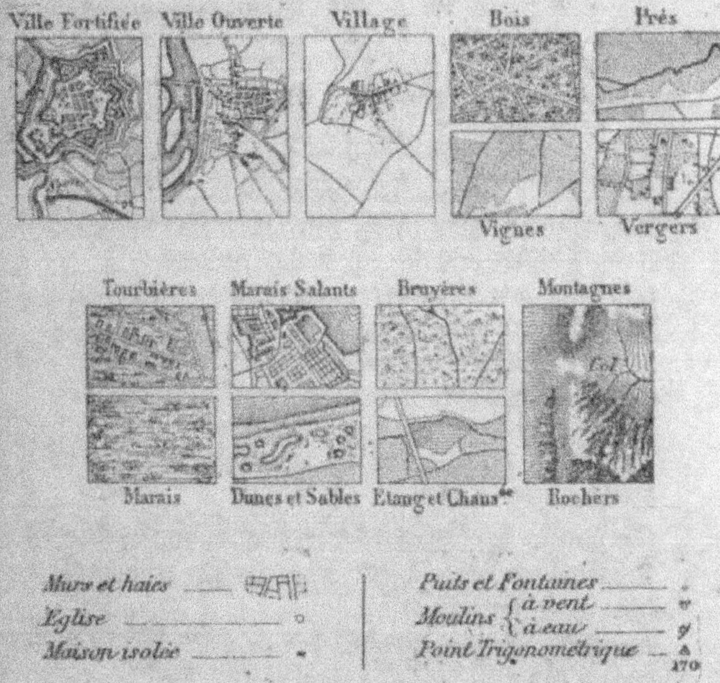

Clocher ayant servi de
point trigonométrique.
Côte de nivellement

Canal navigable
Digues et Écluses
Canal d'irrigation
ou fossé.

Route Nationale.
Chemins carrossables ayant
plus de 6 mètres

$\stackrel{\text{\tiny P.P.}}{=}$ Pont permanent Bac
Pont de bateaux Traille

Chemins ayant moins de 6^{m}
ou dont la viabilité n'est
pas certaine.
Chemins d'exploitation.

Chemins de Fer

Gare Tunnel Passages
    en dessus
Station Viaduc à niveau
    en dessous

Limites administratives

Sentiers
Voies Romaines
[P.F.] Préfecture et Sous-Préfecture
[C] Canton

d'État . . . . .   de Canton . . . .
de Dép.^{t} . . . . .   de Com.^{ne} . . . .
d'Arrond.^{t} . . . .

Teintes conventionnelles.

Les couleurs employées pour la représentation des différents objets inscrits sur une carte sont :

Le jaune pâle terni (*terres labourées*) ;

Le vert franc (*vergers*) ;

Le vert bleuâtre (*prairies*) ;

Le jaune verdâtre, teinte un peu forte (*bois*) ;

Le jaune oranger un peu vif (*sables*) ;

Le violet (*vignes*) ;

Le bleu pâle (*eaux*).

Ces teintes se combinent quelquefois ainsi qu'il suit :

Pour représenter des friches, taches mélangées de sables et de vergers ;

Pour les marais, couleur des prairies avec plaques bleues d'eau ;

Pour les **bruyères**, vert pré et carmin léger mélangés.

Les constructions maçonnées sont représentées en carmin avec un trait plus vif à l'est et au sud.

Sur certaines cartes, les voies de communication carrossables sont représentées en rouge.

Sur les levés expédiés on peut mettre simplement les initiales des cultures pour les représenter : P. prairie, V. vigne, etc...

B. Signes conventionnels destinés à représenter les troupes.

Échelle de $\frac{1}{20.000}$.

Les signes conventionnels destinés a représenter les troupes sont les suivants :

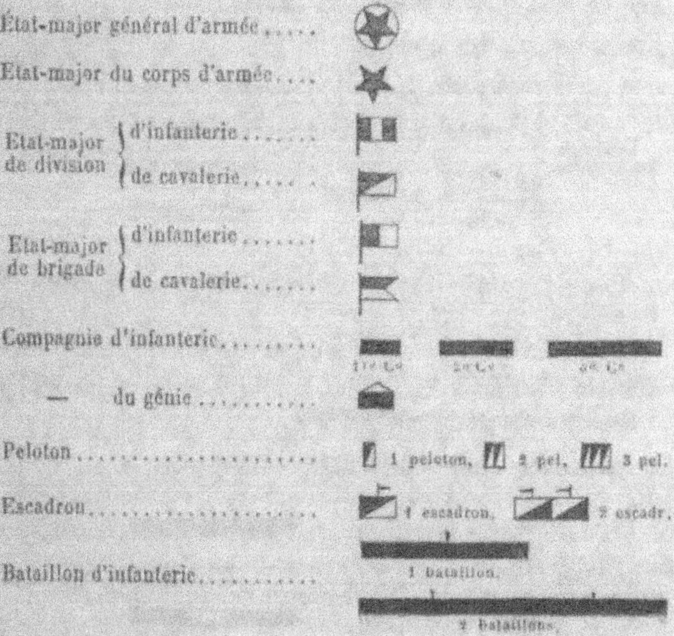

Bataillon de chasseurs à pied....

Batterie montée ....

1 bat.   2 batteries.   3 batteries.

Batterie à cheval ....

Section de munitions { d'infanterie ....

Section de munitions { d'artillerie ....

Parc d'artillerie ....

Equipage de pont ....

Convoi du quartier général......

Convoi divisionnaire des subsistances ....

Ambulance du quartier général..

Ambulance divisionnaire........

Parc du génie du corps d'armée..

Service télégraphique ....

Troupes en marche, { Infanterie.........

Troupes en marche, { Cavalerie ....

Troupes en marche, { Artillerie..........

Troupes en marche, { Composé de toutes armes. ....

Pour représenter les partis opposés on varie les couleurs.

Pour indiquer les positions occupées successivement par les troupes d'un même parti on modifie les signes sans en changer le caractère.

Ainsi par exemple on représenterait :

Un bataillon d'infanterie { 1re position ....

Un bataillon d'infanterie { 2e   —   ....

Un bataillon d'infanterie { 3e   —   ....

Un escadron de cavalerie	1re position	.....	
	2e —	....	
	3e —	.....	
Une batterie montée	1re position	.....	
	2e —	....	
	3e —	......	
Une batterie à cheval	1re position	.....	
	2e —	.....	
	3e —	.....	

Pour représenter les partis opposés on varie les couleurs.

On représente toujours le front des troupes en vrai grandeur à l'échelle du 20,000^e. — Aux échelles plus petites on peut, pour la clarté du dessin, augmenter la longueur du front, mais il faut avoir soin alors d'indiquer dans quelle proportion s'est faite cette augmentation.

Orientation et lecture des cartes.

Moyen de se reconnaître à l'aide des guides et des cartes. — La conduite des reconnaissances exige que les officiers et même les militaires de tous grades qui y prennent part sachent s'orienter et soient familiarisés avec la lecture des cartes.

Pour pouvoir se conduire dans un pays où on arrive pour la première fois, le moyen le plus simple serait certainement un guide; les gardes-forestiers, les chasseurs, les instituteurs, les curés pourraient rendre des services fort utiles dans ces occasions. Mais il n'est pas toujours possible de trouver un guide au moment voulu; on n'en trouvera presque jamais dans un pays terrorisé par la présence ou par l'approche de l'ennemi, et en pays étranger on ne saurait jamais trop se mettre en garde contre les gens prompts à offrir leurs services ; il faut déjà y regarder à deux fois dans son propre pays.

On doit dans ces circonstances recourir à l'usage des cartes et des plans.

Pour s'en servir avec fruit, on commence par s'orienter sur un point du terrain, se trouvant bien en évidence, par exemple devant une église ou un château, en un mot dans une situation nettement définie sur la carte, puis, à mesure que l'on change de place, on porte avec soin son attention tout à la fois sur le terrain et sur la carte, de manière à pouvoir toujours déterminer la route suivie et le point où on est arrivé.

Mais il peut survenir que l'on soit dans la nécessité de marcher sans carte et sans guide ; il est indispensable alors de savoir vers quel point cardinal se trouve situé le but à atteindre et alors pour s'orienter on se servira de la boussole et à son défaut d'indications résultant de la position du soleil à certaines heures de la journée, de la position de la lune et mieux encore de l'étoile polaire pendant la nuit, enfin de certains signes caractéristiques provenant de la configuration du terrain ou de l'aspect de certains objets que nous énumérons ci-après :

Orientation par les astres.

1° *Position du soleil.* — Depuis son lever jusqu'à 8 ou 9 heures du matin le soleil est à l'est ; de 9 heures à 11 heures, il est au sud-est ; à midi, il indique le sud exactement ; de midi à 3 heures sa situation indique le sud-ouest qu'elle atteint entre 2 heures et demie et 3 heures et demie, suivant les saisons ; vers 6 heures, le soleil est à l'ouest.

2° *Position de la lune*. — Pendant la nuit on peut s'orienter au moyen de la position de la lune qui se trouve :

Pendant le premier quartier : (La concavité du croissant à gauche de l'observateur)), à 6 heures du soir au sud, à minuit à l'ouest;

A l'époque de son plein : A 6 heures du soir à l'est, à minuit au sud, à 6 heures du matin à l'ouest;

Pendant le dernier quartier : (La concavité du croissant à droite de l'observateur ( ), à minuit à l'est, à 6 heures du matin au sud.

3° *Etoile polaire*. — Pour découvrir l'étoile polaire, on cherche dans le ciel la constellation appelée *la Grande Ourse* ou *le Chariot* qui est facile à reconnaître. Joignant les étoiles α β appelées *les gardes de la Grande Ourse* et en prolongeant cette ligne *a b* d'environ cinq fois sa longueur, on trouve l'étoile polaire qui forme l'extrémité d'une constellation semblable à la Grande Ourse, mais renversée et qu'on appelle la Petite Ourse. En regardant l'étoile polaire on a devant soi la direction du nord, l'est à sa droite, l'ouest à sa gauche.

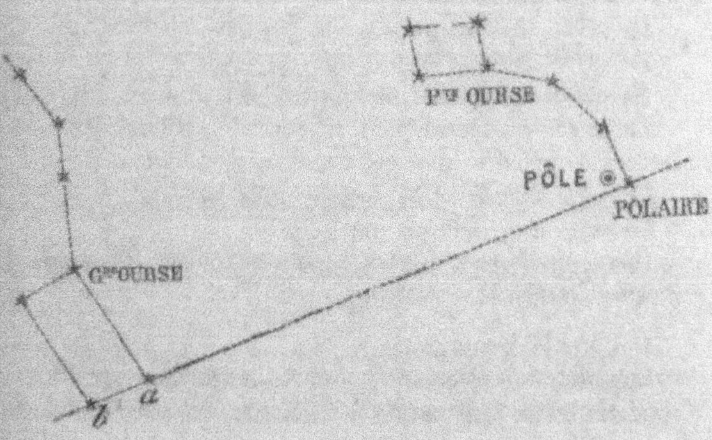

Orientation par indices spéciaux. — D'autres indices permettent encore de s'orienter. On a remarqué que les arbres et les pierres sont généralement couverts de mousse du côté du nord-ouest; que l'écorce des arbres est plus rude de ce côté; que sur les talus la végétation y est plus épaisse.

Les églises sont généralement construites de telle sorte que leur entrée principale est à l'ouest et le chœur à l'est.

Le pied des moulins à vent indique presque toujours les quatre points cardinaux.

Dans les montagnes, pour peu qu'on ait une idée générale de la configuration du pays, les cours d'eau montrent le moyen le meilleur pour se diriger.

Cartes françaises et étrangères.

Tous les états-majors et les corps de troupe de l'armée française sont actuellement pourvus de cartes qui permettraient à tous les officiers de s'orienter sur les différents théâtres probables d'opérations.

Les cartes exécutées en France et qui sont revêtues d'un caractère officiel pour l'armée sont :

La *carte de l'état-major*, au $\frac{1}{80.000}$;

La *carte de l'état-major*, au $\frac{1}{320.000}$;

La *carte du nord-est*, au $\frac{1}{600.000}$;

Le figuré du terrain est représenté en hachures sur ces trois cartes.

La *carte du génie* (en couleur), au $\frac{1}{500.000}$;

La *carte du génie*, au $\frac{1}{80.000}$;

Les principales cartes topographiques et orographiques publiées à l'étranger sont :

1º Pour l'Allemagne,

Les *cartes de Reymann*, contenant les États de l'Europe centrale. Ces cartes à l'échelle du 200,000ᵉ ont été faites d'après les meilleures cartes de chaque pays ; cotes en pied de 0.33 ;

La *carte de l'Allemagne*, de Libenow, à l'échelle du 300,000ᵉ ;

La *carte des États prussiens* exécutée à l'échelle du 100,000ᵉ. Le relief du terrain y est exprimé en hachures jusqu'aux pentes de 50 degrés qui sont représentées par le noir absolu. Cette carte ne porte pas l'indication des cotes d'altitude ;

La *nouvelle carte des États prussiens*, au $\frac{1}{25.000}$, échelle adoptée officiellement en Allemagne pour les travaux topographiques militaires. Les différences de niveau y sont représentées par des courbes.

Nous citerons encore,

La *carte de la Bavière*, au $\frac{1}{50.000}$.

Les *cartes du grand duché de Bade*, au $\frac{1}{50.000}$ et au $\frac{1}{100.000}$.

Les *cartes du Wurtemberg*, au $\frac{1}{25.000}$, au $\frac{1}{50.000}$ et au $\frac{1}{200.000}$.

La *carte de Hesse-Cassel*, au $\frac{1}{75.000}$ avec les reliefs du terrain exprimés par des courbes,

La *carte de Hesse-Darmstadt*, au $\frac{1}{50.000}$.

Les *cartes du Hanovre*, au $\frac{1}{50.000}$ et au $\frac{1}{100.000}$.

Les *cartes de Saxe*, au $\frac{1}{25.000}$, au $\frac{1}{57.600}$ et au $\frac{1}{100.000}$.

2º Pour l'Autriche-Hongrie : Une *carte de chaque province*, au $\frac{1}{144.000}$.

Une *carte de l'Empire*, au $\frac{1}{75.000}$.

3º Pour la Belgique : Une *carte*, au $\frac{1}{20.000}$ en couleur, avec courbes à l'équidistance de 1 mètre ;

Une *carte* au $\frac{1}{40.000}$, avec courbes à l'équidistance de 5 mètres.

Une *carte* au $\frac{1}{160.000}$.

4º Pour le Danemarck : Une *carte* au $\frac{1}{40.000}$ avec courbes.

5° Pour l'Espagne : Une *carte* au $\frac{1}{50.000}$ en couleur avec courbes.

6° Pour la Grèce : Une *carte* au $\frac{1}{200.000}$ dressée par notre état-major.

7° Pour la Hollande : Une *carte* au $\frac{1}{50.000}$.

8° Pour l'Angleterre et le Royaume-Uni : Une *carte des comtés*, au $\frac{1}{10.560}$;

Une *carte générale*, au $\frac{1}{63.360}$.

9° Pour l'Italie : Une *carte de Rome* et ses environs au $\frac{1}{86.000}$ dressée par notre état-major;

Une *carte de la Lombardie, de la Vénétie et de l'Italie centrale*, au $\frac{1}{86.400}$, dressée par l'état-major autrichien;

Une *carte de l'ancien royaume de Sardaigne*, au $\frac{1}{50.000}$.

Une *carte de l'ancien royaume de Naples*, au $\frac{1}{60.000}$.

10° Pour le Portugal : Une *carte* au $\frac{1}{55.000}$ et une au $\frac{1}{150.000}$.

11° Pour la Russie : Une *carte* au $\frac{1}{126.000}$.

12° Pour le royaume de Suède et Norwège : Une *carte de Suède*, au $\frac{1}{100.000}$.

Une *carte de Suède et Norwège*, au $\frac{1}{200.000}$.

13° Pour la Suisse : Une *carte* au $\frac{1}{100.000}$ avec relief en hachures à lumière oblique.

Une *carte* au $\frac{1}{25.000}$ des basses régions.

Une *carte* au $\frac{1}{50.000}$ des hautes régions.

------

§ 4. — Missions spéciales.

En dehors des reconnaissances certaines missions spéciales peuvent être confiées aux officiers du service d'état-major, dans le but le plus souvent de faire connaître, soit l'organisation d'une armée étrangère, ou l'état des défenses d'un pays étranger, soit l'état des esprits d'une nation ou de l'armée de cette nation par rapport au gouvernement qui la dirige.

Ces missions ont donc tantôt un caractère essentiellement militaire et tantôt un caractère à la fois politique et militaire.

Il serait impossible de tracer des règles fixes pour les premières ; des qualités, en quelque sorte, natives sont nécessaires pour jouer ce rôle délicat, hérissé de dangers, contraire à notre esprit militaire.

Parlant de ces missions, Sobieski dit :

« Tout consiste dans la discrétion poussée jusqu'à la dissimulation. Peignez le paysage en visitant les cantonnements, parlez fabrication sur les remparts d'une place forte et bornez-vous à écouter, comme il convient à un étranger, lorsqu'il vous arrivera de rencontrer un de ces bavards qui parlent de tout, qui savent tout ; celui-là est capable de vous faire votre besogne mieux que vous ne sauriez la faire vous même ».

Le service des renseignements secrets pris en vue des opérations de guerre, a été de tout temps considéré en Allemagne comme un procédé auquel on n'a jamais attaché l'idée de défaveur dont il est l'objet en France et Frédéric II en a même esquissé la théorie dans ses *Principes généraux de la guerre*.

« On prend alternativement à la guerre la peau du lion et la peau du renard, dit-il ; la ruse réussit où la force échouerait. Il est donc absolument nécessaire de se servir de toutes les deux. C'est une corde de plus que l'on a *sur* son arc, et comme souvent la force résiste à la force, souvent aussi la force succombe à la ruse. »

Nous ne pourrions mieux faire que de citer en entier le passage que consacre à cette question le général Bronsart von Schellendorff, dans son ouvrage sur le service d'état-major (1).

« Dans tous les pays, dit le général de Schellendorf, on a l'habitude d'envoyer des officiers assister aux grandes manœuvres qui ont lieu à l'étranger, afin que ces officiers puissent, après avoir eu ces troupes sous les yeux prendre connaissance des institutions militaires, des formations de combat, etc...

« L'officier qui assiste alors comme invité aux manœuvres de troupes étrangères, doit apporter dans sa conduite une réserve et une discrétion des plus grandes.

« Un officier envoyé en mission spéciale à l'étranger et officiellement accrédité dans ce pays se trouve dans une situation analogue. L'appui qu'il rencontre auprès des autorités auxquelles il est adressé est souvent plus que suffisant pour lui permettre de remplir sa mission, en tout cas l'attache officielle et les prévenances que les autorités militaires ont pour un officier ainsi accrédité, lui imposent l'obligation de se borner à recueillir les renseignements sur les choses et les établissements dont on lui a permis ou facilité l'accès. Si l'on craint de ne recueillir ainsi que des renseignements insuffisants, on ne peut conserver alors toute son indépendance d'allures qu'en renonçant complètement à l'appui qu'on peut trouver auprès des autorités du pays dans lequel on voyage.

« Dans ce cas on devra d'abord chercher à appeler aussi peu que possible l'attention sur soi, et surtout se garder de contrevenir aux lois du pays. Remarquons à ce sujet que partout il est défendu de chercher à corrompre des employés à prix d'argent et à lever les

---

(1) *Le Service d'état-major*, traduction du capitaine Weil.

plans des forteresses, etc... Mais les lois ne défendent pas de faire des corrections aux cartes existantes, car sans cela on arriverait à mettre le touriste le plus innocent dans une bien triste situation. Mais, moins on a le droit de se considérer comme touriste, plus on doit être prudent et circonspect dans sa conduite.

« La reconnaissance d'une forteresse étrangère ne pourra être en général qu'une reconnaissance un peu superficielle. Il faudra en connaître l'histoire d'avance et avoir étudié attentivement les cartes déjà existantes. — Les reconnaissances que l'on fera faire ne porteront guère que sur l'orientation locale et devront servir à mettre à jour ce qui a pu changer : on devra donc dans les forteresses, s'occuper moins du tracé que des revêtements, de leur nature, des communications, des casemates, du système des eaux, des ouvrages qu'on a élevés en avant du corps de place, et qu'on a agrandis, de l'armement en fait d'artillerie, des abris, des magasins, etc... On devra chercher à savoir si l'on a fait ou commencé à faire subir à la place des transformations rendues nécessaires par les progrès de l'art militaire, si l'on construit ou si l'on doit construire des forts détachés dont l'existence peut modifier les idées auxquelles on s'était arrêté. Il sera utile d'observer le service des troupes de la garnison : on y trouvera parfois des idées précises qui permettront de juger l'armée à laquelle elles appartiennent.

« Il faut d'ailleurs quand on est en contact avec des troupes ennemies, se garder de les juger trop rapidement. Pour comprendre et apprécier réellement une armée et ses institutions, il faut, avant de la juger, avoir vécu longtemps avec elle ; ce n'est qu'alors qu'on pourra apprécier sainement sa valeur et son esprit. Il sera bon de se rappeler également qu'on commettrait souvent une faute grave en demandant aux armées étrangères de remplir certaines conditions qu'on est habitué à trouver dans l'armée à laquelle on appartient, et l'on fera bien de se souvenir que les institutions militaires doivent toujours être en harmonie avec les mœurs et la constitution du pays, ainsi qu'avec le caractère de la population. »

Appendice.

Uniformes des armées étrangères.

ALLEMAGNE.

Infanterie de ligne. — Tunique bleu de roi à un rang de boutons en cuivre, collet et parements rouges, pattes d'épaules de couleurs variables suivant le régiment ; pantalon gris de fer foncé ; capote gris de fer, casque noir en cuir avec aigle et pointe en cuivre.

Chasseurs et tirailleurs. — Tunique verte, parements rouges ou noirs.

Artillerie. — Uniforme de l'infanterie avec parements noirs. Le casque a une boule au lieu de la pointe.

Génie. — Uniforme de l'artillerie, boutons blancs.

Train. — Uniforme de l'artillerie, parements bleu de ciel.

Cavalerie. — Cuirassiers reconnaissables à leur armement spécial. En petite tenue tunique blanche ou noire, pantalon gris de fer.

Hulans. — Tunique bleu de roi, pattes d'épaulettes avec tournantes en cuivre, pantalon noir avec bottes, schapska, flamme de lance noir et blanc.

Dragons. — Tunique bleu de ciel, pantalon gris de fer, casque d'infanterie.

Hussards. — Pelisse de couleur variable, suivant les corps, culotte gris de fer avec bottes hongroises, talpack.

La cavalerie saxonne a la tunique et le pantalon bleu de ciel.

La cavalerie hessoise a la tunique verte et le pantalon gris de fer.

Les différents régiments de cavalerie se distinguent entre eux dans chaque groupe de l'arme par la couleur du collet et des parements.

ANGLETERRE.

Infanterie et génie. — Tunique rouge, pantalon bleu.

Chasseurs ou Rifles. — Vêtement complet vert.

Artillerie. — Vêtement complet bleu.

Cavalerie. — *Dragons*, casaque ou veste rouge, pantalon bleu.

Hussards et *Lanciers*, tenue entière en bleu.

Les régiments écossais portent leur costume national.

AUTRICHE.

Infanterie. — Tunique bleu foncé ou blanche, pantalon bleu de ciel.

Cavalerie. — Casaque ou veste bleue ou blanche, pantalon rouge ou bleu, bottes hongroises.

Artillerie. — Vêtement brun, pantalon bleu de ciel.

Génie. — Vêtement bleu de ciel, pantalon gris.

Chasseurs. — Tout en gris.

BELGIQUE.

Infanterie de ligne. — Tunique gris bleuté, pantalon gris clair pour l'infanterie de ligne.

Chasseurs. — Tenue verte.

Cavalerie. — Casaque ou veste bleu de roi ou vert, pantalon gris clair.

ESPAGNE.

Infanterie de ligne. — Tunique bleu de roi, pantalon bleu de ciel.

Chasseurs. — Tunique bleu de roi, pantalon rouge.

Cavalerie. — Casaque ou veste bleu de ciel, pantalon rouge.

ITALIE.

Infanterie de ligne. — Dolman ou vareuse gris bleuté, pantalon gris.

Chasseurs ou Bersaglieri. — Tunique et pantalon bleu de roi.

RUSSIE.

Infanterie. — Tunique verte, capote verte ou grise, pantalon gris vert.

Artillerie. — Même tenue générale que l'infanterie.

Génie. — Même tenue générale que l'artillerie.

Cavalerie. — *Cuirassiers*, veste ou habit blanc avec cuirasse, pantalon gris vert.

Lanciers. — Tenue verte ou bleue, pantalon gris vert.

Hussards. — Costume variable.

CHAPITRE IV.

DU DROIT DES GENS
ET DES RELATIONS AVEC L'ENNEMI.

Sommaire : § 1er. *Du droit des gens.* — Définitions. — Applications du droit des gens à la guerre. — De l'état de guerre. — Des belligérants. — Des moyens psychologiques. — Sièges. — Bombardements, etc. — Des représailles. — Suspensions d'armes et armistices.

§ 2. *Des relations avec l'ennemi.* — Service des renseignements. — Espions. — Otages. — Prisonniers de guerre. — Parlementaires — Convention de Genève.

------

§ 1er. — Du droit des gens.

Définitions.

Le droit des gens (*jus gentium*, droit des nations) ou droit international, s'entend du système des lois, traités, règlements ou coutumes qui régissent les peuples entre eux.

Ses maximes ne dérivent pas de la volonté de tel ou tel législateur; elles découlent de l'idée naturelle et divine de l'équité. L'esprit humain éclairé par les besoins et les progrès de la civilisation en a fait l'application aux rapports des États entre eux, en réunissant en un corps de doctrine les principes qui lui ont paru les plus justes en morale et en politique.

L'étude du passé nous montre que les relations des États sont la conséquence de causes et l'origine d'effets constants desquels une observation attentive peut dégager les règles qui dirigent la politique des nations.

6.

L'application de ces règles est venue en quelque sorte naturellement, et leur utilité démontrée par l'expérience leur a donné une telle force qu'elles produisent aujourd'hui entre les États des obligations réelles ; plusieurs d'entre elles ont même donné lieu à des conventions écrites que les puissances s'engagent expressément à observer. L'ensemble des devoirs et des droits internationaux qui sont fondés sur les coutumes ou qui ont été formellement reconnus par les états constitue le droit des gens *réel*. A côté du droit des gens *réel* se trouve le droit des gens *théorique*, ensemble d'idées et de principes qui est aux rapports des nations entre elles ce que le droit naturel est aux rapports des individus entre eux.

Les origines du droit international, l'absence des garanties nécessaires pour assurer l'exécution des principes qu'il pose nous permettent de voir immédiatement toutes les lacunes de ce droit ; et cependant on ne peut en violer impunément les préceptes et en méconnaître les règles, car il a une sanction. Cette sanction se trouve dans l'enchaînement des causes et de leurs effets, car dans la vie des peuples plus encore que dans celle de l'homme toute faute est immanquablement suivie de son châtiment ; et s'il se peut que la durée d'une existence individuelle soit trop courte pour que les conséquences d'une faute qui l'a entachée aient pu éclater au grand jour, s'il peut arriver que le coupable jouisse quelquefois dans ce monde de l'impunité, il n'en est pas de même des nations, car elles vivent toujours assez longtemps pour ne pas pouvoir se soustraire aux conséquences de leurs actes.

Les rapports des états entre eux sont de diverses espèces, à chacune desquelles correspondent des coutumes ou des conventions spéciales. La paix, la guerre, donnent naissance au *droit des gens en temps de paix* et au *droit des gens en temps de guerre* ; enfin lorsqu'il y a guerre, à côté des pays qui se combattent, il y a des peuples qui restent étrangers à la lutte, de là des règles pour *le droit des neutres*.

« La guerre, dit le professeur Dahn (1), est la lutte que soutient une nation pour défendre par la force des armes des droits menacés par une autre nation, qu'il s'agisse de son honneur, de l'intégrité de ses frontières ou de la revendication d'une chose quelconque qui lui est justement due. Elle ne devient légitime qu'après que tous les moyens amiables et coercitifs tels que les représentations diplomatiques, la médiation des puissances, etc., ont été employés sans succès pour obtenir une satisfaction convenable.

La guerre est le seul moyen licite que les nations aient de poursuivre leur droit par la force ; ce droit est aussi indispensable pour leur police extérieure que le droit de rendre la justice est indispensable pour la police intérieure d'un État.

Aujourd'hui la guerre a des lois qui, comme toutes les lois du monde, ont suivi la marche du progrès.

« Les lois de la guerre, dit le colonel de Savoye (2), ne sont point des conceptions vagues ou arbitraires, et il doit être possible de reconnaître à des lignes non équivoques leur force obligatoire. Pour apprécier des faits actuels il faut se placer au point de vue du droit actuel et certain, et non du droit futur et spéculatif ; si au contraire, on se lance dans l'idéal on en arrive à décréter l'abolition de tout ce que la guerre a de cruel et à proclamer des lois imaginaires et impraticables,

---

(1) *Le Droit de la guerre*, par Dahn, traduit par le lieutenant Prim, de l'armée belge.

(2) *Le Droit international en guerre*, appendice au règlement sur le service des armées en campagne annoté par le colonel de Savoye, de l'armée belge.

qui demeureront lettres mortes; il y manque ce *consensus gentium*, lequel est, à la fois la sanction nécessaire pour les transformer en véritables règles du droit international et le signe de leur existence comme telles. Deux principes dominent le droit de la guerre, et c'est entre ces principes que se meuvent toutes les règles admises relativement à la manière de faire la guerre. L'un est un principe de nécessité, qui justifie, en règle générale, l'emploi de la violence ou de la ruse, dans les limites où elles sont nécessaires pour atteindre le but de la guerre, mais qui est tempéré, même dans ces limites, par des considérations d'humanité. L'autre est un principe d'humanité, d'après lequel la guerre, se faisant entre États, ne doit pas s'étendre aux populations paisibles, mais qui, à son tour, subit des restrictions dictées par la loi de nécessité. »

Le droit des gens a posé le principe que l'ouverture des hostilités doit être précédée d'une déclaration de guerre; cette règle remonte à la plus haute antiquité; « *nullum bellum est justum nisi quod denuntiatum ante sit et indictum* », dit Cicéron. Mais cette déclaration de guerre n'est souvent aujourd'hui qu'une sorte de formalité illusoire, car il serait en effet puéril de donner à son adversaire tout le temps nécessaire pour achever sa mobilisation, et la déclaration de guerre ne s'envoie le plus souvent qu'au moment de passer la frontière.

« Il n'y a point pour la déclaration de guerre de forme généralement acceptée par les États, ce qui importe, c'est qu'avant d'en venir aux armes, l'intention de faire la guerre soit signifiée d'une manière nette et explicite. Le rappel des agents diplomatiques respectifs indique que les relations pacifiques entre les États sont altérées, mais il ne peut être considéré comme une déclaration de guerre que s'il est accompagné d'actes diplomatiques qui lui donnent cette signification. L'ultimatum est le dernier mot que prononcent les Etats dans une négociation ; il contient leurs diverses propositions, les exigences dont ils ne veulent point se départir, les concessions auxquelles ils entendent s'arrêter. L'ultimatum est une note diplomatique conçue en termes aussi nets et péremptoires que possible, il se termine par une demande de réponse catégorique ; il indique en général le délai dans lequel cette réponse devra être faite, et ajoute qu'une réponse dilatoire ou l'absence d'une réponse sera considéré comme une preuve que l'état auquel l'ultimatum est adressé veut la guerre. Dans ce cas, l'ultimatum est une proposition de guerre, qui devient d'après l'accueil qu'il reçoit une véritable déclaration de guerre (1). »

Des belligérants.

Dans l'antiquité tout étranger était regardé comme ennemi, aujourd'hui le droit des gens établit une distinction complète entre l'Etat armé et la population civile, la guerre a lieu entre les Etats et non entre les simples citoyens.

La guerre n'étant pas une relation d'hommes mais une relation d'Etats, écrivait M. de Talleyrand à l'empereur Napoléon, le droit des gens ne permet pas que le droit de la guerre et celui de conquête qui en dérive, s'appliquent aux citoyens paisibles et sans armes, à leurs habitations, à leurs propriétés.

« Puisqu'il est admis que la guerre n'est dirigée que contre les forces de l'ennemi, il faut déterminer quels hommes contribuent à constituer ces forces ; puisqu'il

---

(1) *Précis du droit des gens*, par Funck-Brentano et Albert Sorel.

est admis que la guerre n'est point dirigée contre les sujets non armés de l'ennemi, il faut que les Etats soient en mesure de se défendre contre les sujets de l'ennemi qui font acte de guerre. De là est venue la distinction entre les combattants et les non combattants. Les combattants se composent de tous les hommes qui constituent les forces militaires de l'ennemi; quand ils cessent de résister ils sont faits prisonniers. Les non combattants sont ceux qui ne font point partie des forces militaires de l'ennemi; quand ils sont pris les armes à la main, l'État qui les capture les traite d'après les nécessités que lui impose le soin de sa défense. La distinction des combattants et des non-combattants est donc très importante (1). »

On doit en principe considérer comme belligérant toute personne qui combat pour son pays en se conformant aux lois de la guerre, cette qualité est donc acquise :

1° A l'armée régulière ;

2° A toutes les troupes faisant partie de l'armée nationale ;

3° Aux corps de volontaires, reconnus par leur gouvernement, commandés par un chef responsable, portant les armes ouvertement, ayant un uniforme ou un signe distinctif reconnaissable à distance, et observant enfin toutes les lois de la guerre ;

4° A la population d'un territoire *non occupé* qui, à l'approche des troupes d'invasion prend spontanément et ouvertement les armes sans avoir le temps ou les moyens de s'organiser.

« Les belligérants n'ont pas un droit illimité sur la

---

(1) Funck-Brentano et Albert Sorel. *Précis du droit des gens.*

personne de l'ennemi. Certains moyens d'action sont tenus pour actes de perfidie ou cruautés inutiles. En thèse générale tout ce qui n'est pas nécessaire au succès des armées est défendu. Ainsi on n'a le droit de tuer ou de blesser l'ennemi que lorsqu'il est impossible de le réduire autrement à l'impuissance. On doit lui donner l'exemple de la bonne foi et de l'observance des règles du devoir et de l'honneur (1). »

Les lois de la guerre admettent la ruse mais condamnent la perfidie.

Il est déloyal d'user illégalement du drapeau parlementaire ou d'abriter sous la *Croix de Genève* des troupes, des voitures ou des bâtiments auxquels les conventions internationales ne donnent pas le droit de l'arborer ; d'exciter à la trahison les officiers ou les soldats de l'ennemi ; de feindre de se rendre pour frapper plus facilement son adversaire, etc. Il est criminel de commettre, même envers l'ennemi, ou d'inciter l'ennemi à commettre des actes contre le droit commun, tels que l'assassinat sur la personne du souverain ennemi ou de ses généraux, mais les lois de la guerre ne défendent pas l'instigation à la révolte des provinces ennemies, au renversement du souverain, etc.

Le droit des gens interdit, d'empoisonner les sources, de propager intentionnellement des maladies contagieuses, de frapper, blesser tuer ou insulter un ennemi qui se rend, de ravager un pays.

Le droit international proscrit l'emploi des armes, des projectiles ou des matières propres à causer des souffrances inutiles. Les belligérants doivent donc s'abstenir d'user comme projectiles de verre pilé de balles mâchées, de grenaille métallique, et en général

---

(1) *La Guerre*, par A. Salières.

de tout engin qui, sans exercer une influence directe
sur l'issu de la lutte, a seulement pour effet de produire
des blessures plus dangereuses.

Il est bien entendu que ces prescriptions s'adressent
spécialement aux troupes régulièrement organisées et
armées, et qu'on ne saurait infliger le moindre blâme
aux soldats isolés ou aux combattants improvisés qui
à défaut de balles chargeraient leur fusil avec du petit
plomb, et qui à défaut de baïonnette ou de sabre se
feraient une arme du premier outil qui leur tomberait
sous la main.

La convention du 29 novembre 11 décembre 1868,
conclue à Saint-Pétersbourg entre la France, l'Autri-
che, la Bavière, la Belgique, le Danemarck, la Grande-
Bretagne, la Grèce, l'Italie, les Pays-Bas, la Perse, le
Portugal, la Prusse, la Confédération de l'Allemagne
du Nord, la Russie, la Suède et la Norwège, la Suisse,
la Turquie et le Wurtemberg, est ainsi conçue:

« Considérant que les progrès de la civilisation doivent avoir pour effet d'atténuer autant que possible les
calamités de la guerre; que le seul but légitime que
les États doivent se proposer durant la guerre est
l'affaiblissement des forces militaires de l'ennemi; qu'à
cet effet il suffit de mettre hors de combat le plus grand
nombre d'hommes possible; que ce but serait dépassé
par l'emploi d'armes qui aggraveraient inutilement les
souffrances des hommes mis hors de combat ou ren-
draient leur mort inévitable; que l'emploi de pareilles
armes serait dès lors contraire aux lois de l'humanité:

« Les parties contractantes s'engagent à renoncer
mutuellement, en cas de guerre entre elles, à l'emploi
par leurs troupes de terre ou de mer, de tout projec-
tile inférieur à 400 grammes qui serait ou explosible
ou chargé de matières fulminantes ou inflammables.

« Les parties contractantes ou accédantes se réservent de s'entendre ultérieurement toutes les fois qu'une proposition précise sera formulée en vue des perfectionnements à venir, que la science pourrait apporter dans l'armement des troupes, afin de maintenir les principes qu'elles ont posés, et de concilier les nécessités de la guerre avec les lois de l'humanité. »

Ce n'est pas seulement contre les forces *armées* de l'État que sont dirigées les opérations de la guerre, c'est en même temps contre toutes les autres forces qui lui donnent sa vitalité et par conséquent ses moyens de défense. Il en résulte que son trésor, ses arsenaux, le matériel de ses chemins de fer, ses télégraphes, ses propriétés domaniales, sont à la discrétion du vainqueur, qui en use suivant l'utilité qu'il peut en retirer. En revanche la coutume aujourd'hui admise que la guerre est dirigée seulement contre les forces de l'État, fait que l'envahisseur ne possède aucun droit sur les propriétés privées. Toutefois, la nécessité, qui est la première règle du droit de la guerre, peut contraindre le vainqueur à s'emparer des biens des particuliers et même à les détruire.

« Lorsque l'ennemi s'empare sans nécessité des objets appartenant à des particuliers, il fait acte de pillage ; quand il les détruit sans y être contraint, il fait acte de dévastation. Dans l'un et l'autre cas, il transgresse la coutume en raison de laquelle la guerre n'est dirigée que contre les forces de l'Etat. Cette coutume, qui est une sécurité pour l'armée envahissante, est aussi une garantie pour les habitants inoffensifs. Elle engendre deux obligations qui consistent, pour l'envahisseur à respecter la propriété privée de l'habitant, pour l'habitant à ne point faire acte de guerre. Les autorités militaires sont donc tenues d'imposer aux troupes une rigoureuse discipline et de punir sévèrement tout acte de pillage et de dévastation. Mais lorsque l'habitant abandonne sa demeure et ses biens sans y laisser aucun gardien, l'envahisseur n'est pas tenu de protéger des biens dont le possesseur légitime n'est ni présent ni représenté; il n'a nullement le devoir de les défendre contre les maraudeurs. Toutefois, s'il n'a de ce côté aucune obligation envers l'habitant, il en a, et de très impérieuses envers ses propres sujets qui composent son armée; elles lui commandent de réprimer sévèrement des actes de pillage qui pour être opérés sur des objets abandonnés, n'en répandent pas moins dans l'armée un élément d'indiscipline et dans la nation un élément de corruption (1). »

En présence de l'ennemi la loi, si rigoureuse et terrible qu'elle puisse être, doit être absolument inflexible et condamner immédiatement et sans pitié les hommes qui ont souillé leur uniforme, de manière à frapper par un exemple l'imagination de tous. Guidé par l'intérêt commun et par le sentiment de l'honneur et du devoir militaire, le commandement ne devra donc pas hésiter à appliquer la peine la plus sévère.

C'est un droit de se pourvoir par voie de réquisition, et moyennant un reçu qui permet de régler à la fin de la guerre les indemnités dues, des vêtements, des vivres, des moyens de chauffage, des voitures, des bateaux, des chevaux et des animaux de trait ou de bât nécessaires aux besoins de l'armée envahissante; mais le droit international n'admet pas que l'on puisse frapper les communes d'autres contributions que celles qui sont absolument nécessaires pour subvenir aux besoins de l'armée.

---

(1) Funck-Brentano et Albert Sorel.

Des moyens psychologiques. — Menaces. — Bombardements.—Représailles.

« Le droit de la guerre moderne, dit le professeur Dahn, interdit formellement de menacer les localités de pillage ou de bombardement pour obtenir le paiement des contributions qui leur sont imposées. — Un général honnête ne se permettra plus de nos jours de menacer une ville forte de la livrer au pillage après l'assaut, dans le but d'en hâter la reddition ; il ne fera point entrevoir à ses soldats, pour stimuler leur ardeur, la perspective d'un riche butin en leur promettant l'exécution militaire de la place. —Il se déshonorerait en menaçant la garnison d'une forteresse assiégée de la passer au fil de l'épée, si elle lui opposait une résistance prolongée. »

Le bombardement est un des moyens phsychologiques les plus énergiques pour obtenir la reddition d'une place dans laquelle se trouve entassée une population civile démoralisée quelquefois par l'idée même de la guerre ou par l'inaction qui en résulte pour elle, et en proie souvent à de réelles souffrances.

Ce serait nier le droit même de la guerre que de prétendre qu'il est contraire à l'honneur militaire d'employer les moyens les plus énergiques pour réduire par la force toute localité ennemie ouverte ou fermée qui, *après sommation*, refuse de se soumettre. Malgré les protestations de certains publicistes, le bombardement doit donc être considéré comme une des nécessités de la guerre.

« Il peut arriver que, sans résister directement, une ville soit située de telle sorte que le feu d'un fort voisin empêche l'assaillant d'y entrer et de s'y maintenir ; dans ce cas le bombardement peut être dirigé aussi bien sur la ville que sur la forteresse. Il en est autrement si nul obstacle n'est opposé à l'occupation de la ville ; l'assaillant doit alors l'épargner, il commettrait un acte odieux et condamnable s'il menaçait de la détruire pour obliger la forteresse à ouvrir ses portes (1). »

Si le bombardement n'était qu'un acte de vengeance, il faudrait donc le condamner ; mais s'il doit avoir de l'efficacité sur la conduite et la durée d'un siège il faut l'admettre. C'est un système expéditif, qui ne fait certes pas tant de victimes que les attaques lentes et régulières d'un corps de place ; et enfin, comme le dit le colonel Vauvilliers, dans son essai sur de nouvelles considérations militaires, si on ménage les habitants on sacrifie les troupes, et réciproquement ; dans les deux cas la perte numérique est à peu près la même ; entre ces deux genres d'humanité, quel est le plus vrai ?

Les représailles sont une des plus dures extrémités de la guerre, elles ont généralement pour but d'empêcher l'adversaire de continuer des agissements interdits par le droit international ; il ne faut recourir à ces mesures coercitives que comme à un châtiment protecteur et seulement à la dernière extrémité.

« De telles mesures, dit M. Salières, ne doivent d'ailleurs jamais dépasser en rigueur les infractions qu'il s'agit de réprimer. Dans le cas contraire, l'ennemi pourrait répondre par des sévices encore plus graves et l'on en arriverait ainsi à des actes de sauvagerie impardonnables. »

Suspensions d'armes et armistices.

La suspension d'armes est une convention par laquelle les commandants des deux troupes ennemies s'engagent réciproquement à interrompre momentanément les hostilités.

L'armistice est une convention à peu près analogue

---

(1) *Manuel de Droit international.*

mais conclue par des mandataires qui ont été désignés spécialement à cet effet par les puissances, et presque toujours dans le but d'arriver à une entente définitive et de négocier les préliminaires de la paix.

Aussitôt que l'armistice est conclu, il doit être immédiatement porté à la connaissance des troupes et des autorités civiles intéressées ; dès ce moment aucun acte d'hostilité ne doit plus se produire.

• L'honneur militaire, dit le colonel de Savoye, commande de s'abstenir scrupuleusement de profiter de tout avantage que l'on pourrait tirer de l'ignorance des troupes ennemies qui n'auraient pas été informées de la conclusion de l'armistice. Cependant, à moins que le contraire ne soit formellement stipulé dans le traité, chacun des belligérants reste en possession des avantages qu'il aurait conquis de bonne foi après la signature. — Il n'est pas possible de spécifier les mesures défensives qui doivent rester suspendues. Si d'un côté il est indubitablement permis de lever de nouvelles troupes en arrière des lignes, et de fabriquer de nouvelles armes dans les manufactures, et si, d'autre part, on considère qu'il serait déloyal de profiter du silence auquel l'armistice condamne les batteries ennemies pour réparer les remparts entamés par le canon, et qui se trouvent encore à sa portée, ou bien pour construire de nouveaux ouvrages, on se demande cependant s'il faut strictement s'abstenir de modifier les positions des troupes, de recevoir des convois, etc. — Le principe suivant, ajoute le colonel de Savoye, doit dans tous les cas servir de base à la règle de conduite. — Le *statu quo* doit être maintenu pour autant que la conclusion de l'armistice *seule* mette l'ennemi dans l'impossibilité de s'opposer à ce que des modifications soient apportées au système d'attaque ou de défense. Lorsqu'un corps de troupes est informé, ou s'aperçoit que l'ennemi s'est dérobé à ce principe, il se considère comme dégagé et peut réclamer la destruction de ce qui s'est fait ; de plus il est en droit d'exiger la condamnation de l'officier coupable et de reprendre aussitôt les hostilités. »

Lorsque l'armistice est conclu pour un délai déterminé il cesse par lui-même à la date convenue ; si au contraire on ne lui a pas fixé un terme, les adversaires peuvent toujours reprendre les hostilités en *dénonçant* l'armistice.

---

§ 2. — Des relations avec l'ennemi.

Des parlementaires.

Les missions spéciales ayant pour but d'entrer en relations avec l'ennemi sont confiées à des *parlementaires*. Elles ne peuvent être ordonnées que par le commandant en chef de l'armée ou d'un corps détaché opérant isolément.

« Les officiers parlementaires sont choisis de manière à ce que leur grade, leur habileté, leur importance soient en raison de celle de la mission qu'ils ont à accomplir.

« L'officier parlementaire doit autant que possible parler la langue nationale de l'ennemi ; ses aptitudes, son tact, sa finesse, ne sont pas les seules qualités qu'on recherche en lui, sa prestance doit, autant que possible, être irréprochable ; ses chevaux, son extérieur seront imposants » (1).

Les parlementaires sont accompagnés d'un trompette, d'un porte-fanion (blanc) et d'une escorte dont la force

---

(1) Baron Lahure.

varie suivant le rang du parlementaire. Tout ce personnel doit être choisi avec soin, très bien monté et irréprochable de tenue, de conduite et d'aptitude militaire.

Les parlementaires peuvent être chargés d'une mission verbale ou simplement de la transmission d'une dépêche écrite. Ils doivent profiter de l'entrevue avec l'ennemi pour se rendre compte, autant que possible et sans en avoir l'air, de l'état de son armée, de ses desseins, etc.

Les combattants qui reçoivent un parlementaire sont autorisés dès lors à prendre des précautions pour ne pas avoir à souffrir des observations qu'il pourrait faire sur son passage.

Le règlement sur le service des armées en campagne (ordonnance du 3 mai 1832) contient sur l'envoi et la réception des parlementaires, des prescriptions détaillées.

La manière dont un parlementaire doit se présenter aux avant-postes de l'ennemi et être reçu est décrite ainsi qu'il suit par le général Thiébault :

« L'officier parlementaire s'approchera le plus qu'il pourra des postes ennemis ; lorsqu'il jugera qu'il ne peut plus avancer sans un risque inutile, ou lorsqu'il sera arrêté par la sentinelle ou la vedette avancée, il fera sonner trois appels.

« Tout commandant du poste avancé qui le verra approcher enverra aussitôt le reconnaître par son sergent ou son lieutenant ; si sa mission consiste à remettre un paquet, le commandant du poste le recevra, à moins d'ordres contraires, en donnera un reçu, à quelque personne qu'il puisse être adressé ; il l'enverra de suite au général commandant la division ou au général en chef s'il est à portée ; de plus, il fera repartir sur-le-champ le parlementaire. Si elle consiste dans la demande d'une entrevue, et si le commandant du poste n'a pas reçu d'ordres contraires, il fera de suite bander les yeux à l'officier parlementaire, de quelque grade qu'il soit, au trompette et aux ordonnances, leur fera tourner le dos à son poste et à la position de son armée, ou du moins à la route qui y mène; il détachera une ordonnance pour annoncer l'arrivée d'un parlementaire, prévenir du motif de sa mission et demander les ordres du général de jour ou de celui sous les ordres duquel il est, ou enfin du général en chef s'il se trouve à portée.

« C'est d'après ces ordres que le parlementaire est reçu ou renvoyé.

« S'il est reçu, il n'y a plus que son trompette qui reçoive l'autorisation de le suivre, et, dans ce cas, on les conduit, sans leur débander les yeux, jusqu'au quartier général où, suivant les circonstances, ils jouissent d'une liberté à proportion de laquelle l'officier parlementaire et son trompette, qui doit être intelligent, prennent les renseignements désirés et répandent des nouvelles d'après les instructions qu'ils ont reçues.

« L'objet unique ou essentiel de la mission rempli, l'officier parlementaire est reconduit, les yeux bandés, au poste avancé où il a été reçu; là, on lui débande les yeux, après quoi il revient faire son rapport au général et lui remettre les dépêches dont il peut être porteur. »

Les parlementaires doivent rentrer au pas.

Les parlementaires sont sous la protection du droit des gens.

« Cette protection s'étend à ceux qui les accompagnent. On ne doit ni tirer sur eux, ni user de violence à leur égard, ni les faire prisonniers. Méconnaître ces prohibitions, c'est enfreindre gravement les lois de la guerre. Le parlementaire perd ses droits à l'inviolabilité s'il abuse de sa situation privilégiée pour provoquer ou commettre un acte de perfidie. Il s'expose alors à être traité comme espion ou traître, mais les mesures de rigueur prises contre lui et les motifs qui en auront déterminé l'application devront toujours être portées sans retard à la connaissance de l'ennemi (1). »

Les parlementaires doivent toujours être accueillis avec les égards dus à leur rang et les attentions que commande la confraternité militaire. On peut refuser de recevoir un parlementaire s'il doit en résulter un préjudice pour les opérations, car l'envoi d'un parlementaire peut n'être qu'un ruse de l'ennemi, auquel il suffirait quelquefois de gagner un peu de temps pour que la situation se modifie à son avantage.

Service des renseignements. — Espions.

Les états-majors des armées ennemies sont dans l'absolue nécessité de se renseigner clandestinement sur la force, les mouvements et les projets de leur adversaire ; leur droit est en même temps de réprimer avec la plus grande rigueur toute tentative que fait cet adversaire pour obtenir des données analogues sur leurs intentions ; la conséquence de ces idées est l'obligation où l'on se trouve d'employer des espions et de sévir avec une sévérité exceptionnelle contre ceux qui pratiquent ce métier à notre détriment.

L'officier ou le simple citoyen qui, sur l'ordre de ses chefs ou dirigé par un sentiment de patriotisme, consent à risquer sa vie pour pénétrer chez l'ennemi sous un déguisement et à s'emparer de ses secrets, celui-là se dévoue à la cause de son pays, et, non-seulement il

---

(1) *Manuel de Droit international.*

n'est pas coupable, mais on ne saurait que l'admirer
de passer par-dessus tous les préjugés admis pour défendre la cause de la patrie ; aussi la loi française,
d'une rigueur absolue contre les espions, permet-elle
cependant aux juges, par l'admission de circonstances
atténuantes, de ne pas appliquer toujours la peine
capitale. Mais l'espion qui vend ses services est un
infâme, et celui qui sert l'ennemi de son pays ajoute
encore à sa honte le crime de trahison ; on ne saurait
hésiter à prononcer la peine de mort contre de semblables gens. Cependant un espion ne peut être exécuté sans jugement ; les conseils de guerre ont seuls
le droit de prononcer leur condamnation.

Prisonniers de guerre.

Les prisonniers de guerre appartiennent à l'État ;
celui qui a fait un prisonnier n'a aucun droit sur sa
personne ni sur ses biens, et c'est au Gouvernement
seul de décider de son sort ; en tout cas, les titres ou
valeurs qu'il possède doivent lui être remis à la cessation de la guerre.

« Les prisonniers ne sont détenus ni comme con-
damnés ni comme prévenus, mais dans le seul but de
diminuer les forces actives de l'adversaire. Ils ne
peuvent être enfermés dans les prisons destinées aux
criminels et doivent être relâchés aussitôt après la
guerre (1). »

Il serait contraire au droit des gens de chercher à
extorquer aux prisonniers, soit par des menaces, soit
par de mauvais traitements, des révélations sur les
forces militaires ou sur les affaires politiques de leur
pays. On ne peut davantage les enrôler de force contre

____

(1) Dahn.

leur pays ou contre d'autres puissances, les obliger à des travaux militaires, enfin s'en faire un rempart contre le feu de leurs compatriotes, soit en les faisant marcher devant l'armée, soit en les détenant dans des établissements que leur nature désigne plus spécialement au feu de l'ennemi.

Lorsqu'un prisonnier cherche à s'évader on est en droit naturellement de l'en empêcher par tous les moyens possibles, et il s'expose ainsi à être blessé ou tué. Mais s'il échoue ou s'il est repris après avoir réussi à s'échapper, il ne peut être puni, car il faut supposer que c'est le patriotisme qui l'a inspiré. Il n'en serait pas de même dans le cas où le prisonnier aurait pris l'engagement de ne pas s'échapper; l'honneur militaire lui commande de tenir la parole donnée, et, s'il y manque, il peut encourir toutes les peines qu'il plaît à l'ennemi de lui appliquer.

Pendant la guerre il intervient quelquefois entre les belligérants des conventions pour l'échange de leurs prisonniers respectifs. Ces conventions portent le nom de cartels d'échange.

Les échanges se font généralement d'après le principe de l'égalité de grade. Si l'un des partis n'a pas fait de prisonniers d'un rang aussi élevé que ceux qui se trouvent entre les mains de l'autre parti, on renvoie ordinairement un plus grand nombre de prisonniers d'un rang inférieur.

Les cartels d'échange contiennent presque toujours une clause relative à l'obligation pour les militaires échangés de ne plus servir pendant la durée de la campagne.

Aussitôt qu'une condition est mise à l'échange, on ne peut obliger un officier à l'accepter et dès lors à être mis en liberté malgré lui.

Le règlement du 6 mai 1859 relatif à la direction, à la police et au placement des prisonniers de guerre contient les dispositions suivantes :

« Art. 1er. Les mesures à prendre envers les officiers prisonniers de guerre, pendant leur marche, seront déterminées par les généraux, d'après le grade, le rang, la conduite et les dispositions de ces officiers.

« Art. 2. Aux termes de l'art. 1er du décret impérial du 4 août 1811, qui n'a pas été abrogé et est toujours applicable, les prisonniers de guerre ayant rang d'officier, ainsi que les otages, peuvent jouir de se rendre librement et sans escorte au lieu qui leur est assigné, et d'y résider sans être détenus, après, toutefois, qu'ils ont donné leur parole de ne pas s'écarter de la route qui leur est tracée, ni de sortir du lieu de leur résidence. En cas d'infraction à sa parole, l'officier n'est plus considéré et traité que comme soldat.

« Art. 3. Les sous-officiers et soldats seront conduits dans les dépôts par des escortes proportionnées à la force des détachements.

« Art. 4. Il sera dressé, à l'état-major de l'armée ou du corps expéditionnaire, un état nominatif des officiers prisonniers, avec l'indication de leur grade.

« Quant aux sous-officiers et soldats, il en sera seulement dressé un état numérique.

« Ces pièces seront transmises immédiatement au Ministre de la guerre.

« Art. 5. Un état (modèle n° 3) (1) sera remis au commandant de l'escorte de chaque détachement.

« Art. 6. La force des colonnes de prisonniers sera déterminée par les états-majors, d'après les circonstances, les moyens d'escorte et les dangers de la route qu'elles auront à parcourir. Elles seront escortées par

---

(1) Etat numérique des prisonniers. Officiers et soldats.

la gendarmerie ou par des troupes de ligne, qui seront relevées de gîte en gîte par les soins des autorités civiles et militaires. »

Convention de Genève.

Les questions internationales relatives aux blessés sont réglées par la convention qui a été signée à Genève le 22 août 1864 entre douze États européens, et à laquelle presque toutes les autres puissances ont adhéré depuis.

Cette convention est ainsi conçue :

Art. 1er. Les ambulances et les hôpitaux militaires seront reconnus neutres, et, comme tels, protégés et respectés par les belligérants, aussi longtemps qu'il s'y trouvera des malades ou des blessés.

La neutralité cesserait, si ces ambulances ou ces hôpitaux étaient gardés par une force militaire.

Art. 2. Le personnel des hôpitaux et des ambulances, comprenant l'intendance, les services de santé, d'administration, de transport des blessés, ainsi que les aumôniers, participera au bénéfice de la neutralité lorsqu'il fonctionnera, et tant qu'il restera des blessés à relever ou à secourir.

Art. 3. Les personnes désignées dans l'article précédent pourront, même après l'occupation par l'ennemi, continuer à remplir leurs fonctions dans l'hôpital ou l'ambulance qu'elles desservent, ou se retirer pour rejoindre le corps auquel elles appartiennent.

Dans ces circonstances, lorsque ces personnes cesseront leurs fonctions, elles seront remises aux avant-postes ennemis par les soins de l'armée occupante.

Art. 4. Le matériel des hôpitaux militaires demeurant soumis aux lois de la guerre, les personnes attachées à ces hôpitaux ne pourront, en se retirant, emporter que les objets qui sont leur propriété particulière.

Dans les mêmes circonstances, au contraire, l'ambulance conservera son matériel.

Art. 5. Les habitants du pays qui porteront secours aux blessés seront respectés et demeureront libres.

Les généraux des puissances belligérantes auront pour mission de prévenir les habitants de l'appel fait à leur humanité et de la neutralité qui en sera la conséquence.

Tout blessé recueilli et soigné dans une maison, y servira de sauvegarde. L'habitant qui aura recueilli chez lui des blessés sera dispensé du logement des troupes, ainsi que d'une partie des contributions de guerre qui seraient imposées.

Art. 6. Les militaires blessés ou malades seront recueillis et soignés, à quelque nation qu'ils appartiennent.

Les commandants en chef auront la faculté de remettre immédiatement aux avant-postes ennemis les militaires ennemis blessés pendant le combat, lorsque les circonstances le permettront et du consentement des deux parties.

Seront renvoyés dans leur pays ceux qui, après guérison, seront reconnus incapables de servir.

Les autres pourront être également renvoyés, à la condition de ne pas reprendre les armes pendant la durée de la guerre.

Les évacuations, avec le personnel qui les dirige, seront couvertes par une neutralité absolue.

Art. 7. Un drapeau distinctif et uniforme sera adopté pour les hôpitaux, les ambulances et les évacuations. Il devra être, en toute circonstance, accompagné du drapeau national.

Un brassard sera également admis pour le personnel neutralisé : mais la délivrance en sera laissée à l'autorité militaire.

Le drapeau et le brassard portent une croix rouge sur fond blanc.

Art. 8. Les détails d'exécution de la présente convention seront réglés par les commandants en chef des armées belligérantes, d'après les instructions de leur gouvernement respectif, et conformément aux principes généraux énoncés dans cette mention.

A ce règlement doivent être joints les *articles additionnels du 20 octobre* 1868 qui, bien que n'ayant pas encore été ratifiés officiellement par toutes les puissances signataires, ont été observés rigoureusement par les belligérants dans toutes les guerres survenues en Europe depuis leur publication.

Ces articles additionnels sont ainsi conçus :

Art. 1er. Le personnel désigné par l'art. 2 de la convention continuera, après l'occupation par l'ennemi, à donner autant qu'il sera nécessaire, ses soins aux malades et aux blessés qui se trouvent à l'ambulance ou à l'hôpital qu'il dessert. Si ce personnel demande à se retirer, le commandant de l'armée d'occupation fixera le moment de son départ, qui pourra néanmoins être différé de quelques jours, mais seulement s'il se présente des circonstances qui rendent cette mesure indispensable.

Art. 2. Les puissances belligérantes prendront des mesures pour que le personnel neutralisé, qui viendrait à tomber en leur pouvoir, entre en jouissance immédiate des privilèges qui lui sont assurés.

Art. 3. Dans les cas prévus par les art. 1 à 4 de la convention la désignation d'ambulance s'applique aux hôpitaux roulants et à tous les établissements temporaires organisés pour la circonstance, qui suivent les troupes sur le champ de bataille pour y recueillir les malades et les blessés.

Art. 4. D'après le sens de l'art. 5 de la convention et les réserves stipulées dans le protocole de 1864, il est entendu que, en ce qui concerne la répartition du logement des troupes et de la contribution de guerre, il ne sera tenu compte aux habitants de leurs actes d'humanité, que proportionnellement à la sincérité avec laquelle ils s'en acquitteront.

Art. 5. D'après le sens de l'art. 6, les blessés tombés entre les mains de l'ennemi (sauf les officiers dont la possession pourrait avoir quelque influence sur le succès des armes) pourront, dans les limites du § 2 de cet article, être renvoyés dans leur pays après leur guérison, ou avant s'il est possible, quand bien même ils ne seraient pas trouvés impropres au service, mais sous la condition de ne plus prendre les armes pendant toute la durée de la campagne.

CHAPITRE V.

ORGANISATION DES ARMÉES EN CAMPAGNE.

SOMMAIRE : § 1er. Formation préliminaire du temps de paix. — § 2. Formation des armées en temps de guerre. — Composition du corps d'armée ; quartier général et services y ressortissant. — § 3. Division d'infanterie. — § 4. Brigade de cavalerie. — § 5. Artillerie de corps. — § 6. Génie. — § 7. Ambulance du quartier général. — § 8. Équipage de pont et parc d'artillerie du corps d'armée. — § 9. Train des équipages. — § 10. Divisions de cavalerie indépendante.

---

§ 1er. — Formation préliminaire du temps de paix.

Le corps d'armée, constitué dès le temps de paix d'une manière permanente, sert de base à toute formation d'armée.

Composition du corps d'armée sur le pied de paix.

Sur le pied de paix un corps d'armée a normalement la composition suivante :

1° *États-majors et services particuliers :*

État-major général,
État-major de l'artillerie,
État-major du génie,
Service de l'intendance,
Service de santé,
Aumônerie militaire,
Service de la prévôté et de la force publique,
Services administratifs,
Service de la trésorerie et des postes,
Service de la télégraphie militaire.

2° *Corps de troupes.*

Un bataillon de chasseurs à pied,

Deux divisions d'infanterie numérotées d'après une série unique déterminée par l'ordre des corps d'armée. Chaque division comprend deux brigades à deux régiments. Les brigades sont, comme les divisions, numérotées d'après une série unique déterminée par l'ordre du corps d'armée,

Une brigade de cavalerie portant le numéro du corps d'armée et composée de deux régiments, dont un de cavalerie de ligne (dragons) et un de cavalerie légère (chasseurs ou hussards),

Une brigade d'artillerie portant le numéro du corps d'armée,

Un bataillon du génie,
Un escadron du train des équipages militaires,
Un section de secrétaires d'état-major,
Une section de commis et ouvriers militaires d'administration,
Une section d'infirmiers militaires,

} portant le numéro du corps d'armée.

Dans la composition du corps d'armée régional rentrent aussi les troupes de l'armée territoriale ; ces troupes reçoivent, en cas de guerre, des destinations spéciales, et ce n'est que pour mémoire que nous les faisons figurer ici dans les éléments qui entrent dans la composition du corps d'armée.

Chaque région de corps d'armée comprend huit régiments territoriaux d'infanterie, numérotés d'après une série unique, déterminée par l'ordre des corps d'armée. — Le 15° corps d'armée compte exceptionnellement neuf régiments territoriaux d'infanterie ; le 9° régiment territorial de ce corps d'armée prend le n° 145.

—Dans le 19ᵉ corps d'armée, au lieu des huit régiments territoriaux d'infanterie, il y a huit bataillons territoriaux de zouaves, une compagnie territoriale et et un bataillon territorial de chasseurs à pied.

Un régiment territorial de cavalerie portant le numéro du corps d'armée auquel il appartient. — En Algérie, la cavalerie territoriale a une organisation différente et comprend quatre escadrons territoriaux de chasseurs d'Afrique.

Un régiment territorial d'artillerie avec sa compagnie du train, portant le numéro du corps d'armée. — En Algérie, l'organisation ne comporte que treize batteries non constituées en régiments.

Un bataillon territorial du génie,
Un escadron territorial du train des équipages militaires,
Une section territoriale de commis et ouvriers militaires d'administration,
Une section territoriale d'infirmiers militaires,

} portant le numéro du corps d'armée.

Divisions de cavalerie indépendante.

Les régiments de cavalerie qui n'entrent pas dans la composition des corps d'armée forment des divisions ou des brigades indépendantes qui peuvent être réparties entre les diverses armées selon les besoins du moment. — Les divisions de cavalerie indépendante sont *presque toutes* organisées à trois brigades, dont une de cuirassiers, une de dragons et une de cavalerie légère (chasseurs ou hussards). Les brigades sont toujours à deux régiments.

Éléments divers. — Douaniers et chasseurs forestiers.

Les autres troupes qui n'entrent pas dans la composition des corps d'armée, et les corps auxiliaires tels que les douaniers et chasseurs forestiers, créés par les lois ou règlements en vigueur sont employés par le Ministre suivant les nécessités.

Brigade d'artillerie.

Avant d'arriver à parler de l'organisation des armées en temps de guerre, nous donnerons un coup d'œil rapide à la constitution de la brigade d'artillerie affectée à chaque corps d'armée.

La brigade d'artillerie se compose, avons-nous dit, de deux régiments. Elle est organisée de manière à pouvoir suffire à tous les besoins du corps d'armée, pour ce qui concerne les approvisionnements de munitions d'artillerie et d'infanterie et le matériel de l'artillerie et des équipages.

Les deux régiments qui la composent sont spécialement destinés, l'un, qui prend le nom de *régiment divisionnaire*, à fournir aux deux divisions d'infanterie du corps d'armée, leur artillerie et un premier approvisionnement en munitions ; l'autre, qui est désigné sous le nom de *régiment de corps*, à former : 1° l'artillerie indépendante du corps d'armée et les sections de munitions portant le premier approvisionnement de cette artillerie ; 2° le parc du corps d'armée qui est chargé du second approvisionnement en munitions de toutes sortes du corps d'armée et du matériel nécessaire pour les rechanges.

Le régiment divisionnaire compte, sur le pied de paix, treize batteries et une compagnie du train. Les trois premières batteries de ce régiment sont des batteries à pied, les autres, des batteries montées. La compagnie du train, attachée au régiment divisionnaire, porte le n° 1 dans la brigade.

Le régiment d'artillerie de corps compte également,

sur le pied de paix, treize batteries ; les batteries n°s 11, 12, 13 de ce régiment sont des batteries à cheval ; les autres sont des batteries montées. Le régiment d'artillerie de corps a, en outre, deux compagnies du train d'artillerie. Ces compagnies prennent les n°s 3 et 5 dans la brigade.

Les compagnies du train sont organisées de manière à pouvoir se dédoubler en cas de mobilisation. Par le système de dédoublement on peut de même arriver à former, en cas de besoin, 18 batteries dans chacun des régiments de la brigade, plus un certain nombre de sections de munitions, normalement 4 sections de munitions d'artillerie et 2 sections de munitions d'infanterie par corps d'armée.

---

§ 2. — Formation des armées en temps de guerre.

La réunion, sous un commandement unique, de plusieurs corps d'armée constitue une armée.

Les armées ou les corps d'armée sont commandés par des maréchaux de France ou par des généraux de division nommés par le chef de l'État.

Composition du corps d'armée.

Le corps d'armée formé, ainsi que nous venons de le voir, par la réunion de deux divisions d'infanterie et d'un certain nombre d'éléments spéciaux qui complètent l'étendue et la puissance de son action, constitue la plus grande unité tactique qui puisse marcher réunie. L'effectif du corps d'armée, sur le pied de guerre, est de 35,000 hommes et 9,200 chevaux environ.

Pour l'examen des forces qui entrent dans sa composition, nous suivrons à peu près l'ordre dans lequel ces différentes unités prennent place généralement dans la colonne de marche, et nous les grouperons ainsi qu'il suit :

1° Le *quartier général*, où se trouvent le général commandant le corps d'armée et son état-major, avec un demi-escadron d'escorte; le général commandant l'artillerie et son état-major, le commandant du génie du corps d'armée et son état-major, l'intendant, chef des services administratifs du corps d'armée, le sous-intendant, chef des services administratifs du quartier général, la prévôté, la direction du service médical et du service vétérinaire, les chefs des services auxiliaires (chemins de fer, télégraphes, trésor et postes, étapes, etc.), ressortissent également au quartier général;

2° Deux divisions d'infanterie complètes, avec leurs états-majors, leur artillerie divisionnaire, les ambulances, les trains régimentaires et les convois de subsistances, etc.;

3° Un bataillon de chasseurs;

4° Une brigade de cavalerie;

5° L'artillerie de corps;

6° Une compagnie du génie de réserve et un parc du génie;

7° L'ambulance du quartier général;

8° Un détachement de force publique qui se partage entre le service de la prévôté et celui du train régimentaire du quartier général;

9° Un demi-équipage de ponts;

10° Un parc d'artillerie;

11° Le train régimentaire du quartier général et des troupes non endivisionnées, auquel s'ajoute le service du trésor et des postes et quelquefois un parc télégraphique;

12° Le convoi administratif du quartier général et

la réserve d'effets d'habillement et d'équipement du corps d'armée.

Quartier général du corps d'armée et services qui y ressortissent directement.

1° *État-major général*. — L'état-major général du corps d'armée se compose de douze officiers, savoir : le général commandant et ses deux officiers d'ordonnance, le général ou colonel chef d'état-major général, le colonel ou lieutenant-colonel sous-chef d'état-major général, deux chefs d'escadron et trois capitaines d'état-major (1), deux officiers subalternes de réserve.

A l'état-major général sont attachés 17 secrétaires d'état-major. Il compte en outre 28 hommes de troupe (23 ordonnances et 5 conducteurs), 38 chevaux de selle, 11 chevaux de trait et six voitures pour le transport des archives, bagages et vivres.

Escorte du quartier général du corps d'armée. — L'escorte du quartier général du corps d'armée se compose d'un demi-escadron de dragons avec 3 officiers (1 capitaine en second, 2 lieutenants ou sous-lieutenants de réserve), 42 sous-officiers, brigadiers ou hommes de troupe.

État-major de l'artillerie du corps d'armée. — L'état-major de l'artillerie d'un corps d'armée se compose d'un général de brigade commandant l'artillerie du corps d'armée, d'un officier supérieur d'artillerie, chef d'état-major, d'un officier d'artillerie aide de camp, de deux capitaines adjoints et d'un garde d'artillerie.

A cet état-major sont attachés un certain nombre de

---

(1) L'un de ces officiers d'état-major est l'aide de camp du généra commandant le corps d'armée.

secrétaires (régulièrement 2) et de canonniers d'escorte (régulièrement 6, dont 1 brigadier-trompette).

Un fourgon et une voiture à bagages sont affectés spécialement au service de l'état-major de l'artillerie.

État-major du génie du corps d'armée. — L'état-major du génie d'un corps d'armée se compose d'un général de brigade, ou plus généralement d'un colonel, commandant du génie du corps d'armée, d'un chef de bataillon chef d'état-major, de deux capitaines et de deux adjoints du génie.

A cet état-major sont attachés deux secrétaires.

Un fourgon et une voiture à bagages sont affectés spécialement au service de l'état-major du génie.

Service de l'intendance. — Les différents services administratifs d'un corps d'armée sont placés sous la direction d'un intendant, assisté de trois fonctionnaires de l'intendance et de huit officiers d'administration. L'administration du quartier général du corps d'armée est entre les mains d'un sous-intendant, auquel est adjoint un officier d'administration.

Prévôt commandant de la force publique. — La gendarmerie remplit aux armées un rôle analogue à celui qu'elle exerce dans l'intérieur en temps de paix; elle est, de plus, chargée de la surveillance des équipages.

Le commandant de la gendarmerie d'une armée prend le titre de grand prévôt; le commandant de la gendarmerie d'un corps d'armée prend le titre de prévôt, le commandant de la gendarmerie d'une division s'appelle commandant de la force publique de la division.

Les attributions du grand prévôt embrassent tout ce qui est relatif aux crimes, délits et contraventions commis dans l'arrondissement de l'armée. « Son devoir est surtout de protéger les habitants contre le pillage et les violences. Les prévôts et les commandants de la force publique ont les mêmes attributions chacun dans l'arrondissement de son corps d'armée ou de sa division. » (Extrait du *Règlement sur le service en campagne.*)

La force publique aux armées est répartie ainsi qu'il suit :

Corps d'armée. — *Près du quartier général du corps d'armée :* 1 chef d'escadron, prévôt; 1 maréchal des logis, greffier, 1 maréchal des logis, 1 brigadier, 8 gendarmes à cheval;

Pour la surveillance des convois : 1 capitaine, vaguemestre, 1 maréchal des logis, greffier, 2 maréchaux des logis, 2 brigadiers, 25 gendarmes à cheval;

Pour la surveillance des prisonniers : 1 maréchal des logis, 1 brigadier, 8 gendarmes à pied;

Division d'infanterie : 1 capitaine commandant le détachement, 1 maréchal des logis, greffier, 1 maréchal des logis, 1 brigadier, 13 gendarmes à cheval, 1 brigadier, 5 gendarmes à pied;

Brigade de cavalerie de corps d'armée : 1 maréchal des logis, 9 gendarmes à cheval.

Service de santé, ambulances. — La direction du service de santé dans un corps d'armée est placée entre les mains d'un médecin principal assisté d'un médecin de réserve et d'un pharmacien-major.

Service de la télégraphie militaire. — Le service de la télégraphie militaire, régulièrement organisé en tout temps, peut entrer en fonctions aussitôt l'ordre de mobilisation.

Pour un corps d'armée, ce service se compose d'un directeur du service assisté de plusieurs officiers ou agents de la télégraphie militaire, des sections de première ligne, chargées du service de marche ; des sections de seconde ligne, chargées du service des étapes.

L'organisation et le fonctionnement du service de la télégraphie militaire aux armées ont été réglés par un décret du 19 novembre 1874.

Service des chemins de fer. — L'organisation et le fonctionnement du service militaire des chemins de fer ont été déterminés par le règlement du 1er juillet 1874.

Le service des transports militaires par chemin de fer est assuré, en deçà de la base d'opérations par la commission militaire supérieure des chemins de fer siégeant au Ministère de la guerre ; au delà de la base d'opérations, et dans chaque corps d'armée, par une direction des chemins de fer de campagne placée sous les ordres du chef d'état-major général.

La direction des chemins de fer de campagne a sous ses ordres des commissions militaires de chemins de fer de campagne, composées d'un officier supérieur, président et chef militaire, d'un officier du génie, chef des troupes techniques, d'un fonctionnaire de l'intendance et d'un ingénieur des chemins de fer. Ces commissions sont chargées des travaux de construction, de réparation ou de destruction concernant les chemins de fer, de l'installation des sections ; de la direction du mouvement des trains, de leur garde et de leur défense ; du service des étapes pour les détachements ou les militaires isolés.

Le président de la commission militaire est en outre secondé, dans chaque gare importante, par un officier ayant le titre de commandant militaire d'étapes de chemins de fer de campagne, qui est l'agent d'exécution locale de la commission et qui a sous ses ordres un chef de gare, un fonctionnaire du service de l'intendance et un comptable.

Service des étapes. — L'instruction provisoire du 22 août 1878 a réglé le service des étapes. Aux termes de cette instruction, le service des étapes a pour but d'assurer en temps de guerre tous les mouvements de personnel et de matériel à exécuter pour la mobilisation et la concentration des armées ainsi que pour les ravitaillements et les évacuations (art. 1er). A partir des stations, têtes d'étapes de guerre, et jusqu'aux corps d'armée, ce service est assuré par la création de commandements d'étapes de route (art. 4). — Le service des étapes sur les voies ferrées est dirigé et surveillé : en deçà de la base d'opérations, par la commission militaire supérieure des chemins de fer (voir ci-dessus), au delà de la base d'opérations, par la direction militaire des chemins de fer de campagne (voir ci-dessus).

L'exécution est confiée dans le premier cas à des commissions d'étapes; dans le deuxième cas, à des commandants militaires d'étapes de chemins de fer de campagne (voir ci-dessus).

Suivant le rôle qu'elles ont à remplir, les commissions d'étapes prennent les noms de commissions d'étapes de mobilisation, d'embarquement, de haltes-repas, de bifurcation, de débarquement, de point de départ, de stations-magasins, de stations de transition. Leur composition varie suivant leur dénomination ou leur importance, en principe elles comprennent: un capitaine ou officier supérieur, *commissaire militaire*, un agent des compagnies, *commissaire technique*, et un personnel adjoint ou auxiliaire.

Aux termes de l'art. 71 du règlement précité du 22 août 1878, *les commandants d'étapes de route* sont nommés pour occuper des emplois de leur grade sur les routes que les corps d'armée sont appelés à suivre dans le cours des opérations actives, dès que la distance qui les sépare d'une ligne ferrée ne leur permet pas de se relier facilement avec les stations de débarquement ou la station tête d'étapes de guerre.

Les commandements militaires d'étapes de route comprennent un officier supérieur de réserve ou de l'armée territoriale, *commandant militaire, un capitaine adjoint* et, lorsque l'importance de la station le comporte, un fonctionnaire de l'intendance.

Service de la trésorerie et des postes. — Le service de la trésorerie et des postes aux armées a été organisé par un décret du 24 mars 1877.

Aux termes de ce décret, ce service a pour objet :

1° D'opérer, à l'exclusion de tous les autres services, les recettes provenant du trésor public, ou faites pour le compte de l'État ;

2° De pourvoir à l'acquittement de toutes les dépenses régulièrement ordonnées ou assignées sur ses caisses au compte, soit du budget de l'État, soit des services spéciaux rattachés pour ordre à ce budget, soit des opérations de trésorerie ou autres ;

3° De faire pour le compte de la caisse des dépôts et consignations et de la légion d'honneur, toutes les recettes et dépenses concernant ces deux services ;

4° D'exécuter le service des postes sur des points déterminés.

L'administration de la trésorerie et des postes aux armées est organisée en tout temps, mais elle n'est appelée à l'activité qu'à partir de la mobilisation ou de l'organisation des armées auxquelles elle est attachée.

Elle relève du Ministre des finances pour le personnel, l'alimentation des caisses, la comptabilité et la partie professionnelle ou technique du service.

Pour toutes les autres mesures, elle est placée sous les ordres du commandement militaire.

Le personnel du service de la trésorerie et des postes aux armées comprend :

1° Un payeur général au quartier général de chaque armée ;

2° Un payeur principal au quartier général de chaque corps d'armée ;

3° Un payeur particulier au quartier général de chaque division d'infanterie ou de cavalerie ;

4° Des agents et sous-agents dont le nombre est déterminé par les ministres de la guerre et des finances.

Chaque payeur général a sous ses ordres immédiats un payeur principal, chef du bureau de comptabilité de son service, et dirige le personnel de tous les bureaux attachés, soit à l'armée, soit au service militaire auprès duquel il est placé.

Chaque payeur principal a sous ses ordres un payeur adjoint, chargé spécialement de desservir, lorsqu'il y a lieu, la brigade de cavalerie attachée au corps d'armée. Il dirige le personnel de tous les bureaux destinés à opérer auprès de ce corps.

---

§ 3. — Division d'infanterie et bataillon de chasseurs.

Quartier général de la division d'infanterie.

L'état-major de la division d'infanterie se compose de six officiers, savoir : le général commandant la division et son officier d'ordonnance, un officier supérieur, chef d'état-major, trois capitaines d'état-major (dont un aide de camp), un officier subalterne du cadre de réserve.

A l'état-major de la division sont attachés 5 secrétaires. — Cet état-major compte en outre 16 hommes de troupe (14 ordonnances et 2 conducteurs), 23 chevaux de selle, 4 chevaux de trait et 2 voitures pour le transport des archives, bagages, etc.

Escorte du quartier général de la division.—L'escorte du quartier général de la division d'infanterie comprend un peloton de cavalerie légère, commandé par un officier (lieutenant ou sous-lieutenant) et fort de 25 hommes, cadres compris.

Etat-major de l'artillerie divisionnaire. — Le groupe de l'artillerie de chaque division est placé sous les ordres du colonel (1re division) ou du lieutenant-colonel (2e division) du régiment d'artillerie divisionnaire ayant chacun pour adjoint un capitaine en second d'artillerie.

A l'état-major de l'artillerie de chaque division sont attachés un médecin et deux vétérinaires.

Un fourgon à bagage est affecté à chacun de ces états-majors.

Etat-major du génie de la division. — L'état-major du génie d'une division d'infanterie se compose simplement d'un chef de bataillon du génie qui a le titre de commandant du génie de la division.

Service de l'intendance.—Les services administratifs d'une division d'infanterie sont placés sous la direction de deux sous-intendants dont un de réserve, auxquels sont adjoints deux officiers d'administration.

Force publique. — Voir ci-dessus page 133.

TROUPES D'INFANTERIE.

A. Infanterie de ligne.

Deux brigades d'infanterie.

L'état-major de la brigade d'infanterie se compose du général commandant la brigade et de 2 officiers d'ordonnance dont un de réserve. — 3 secrétaires sont attachés à cet état-major;

Une voiture à un cheval est affectée au service de l'état-major de la brigade d'infanterie.

Le régiment d'infanterie en campagne est formé de 3 bataillons de guerre.

Le cadre de l'état-major d'un régiment d'infanterie en campagne se compose de 1 colonel, 1 lieutenant-colonel, 1 officier d'armement, 1 officier adjoint au trésorier, 1 sous-lieutenant porte-drapeau, 3 médecins et 1 chef de musique.

Le cadre d'officiers d'un bataillon comporte 1 chef de bataillon et un adjudant-major. Un adjudant sous-officier est désigné pour faire le service de chaque bataillon.

Le cadre d'une compagnie d'infanterie sur le pied de guerre est de 4 officiers dont un de réserve, 11 sous-officiers dont un adjudant de compagnie, 17 caporaux; chaque compagnie compte en outre 4 tambours ou clairons, 8 sapeurs porteurs d'outils, 1 ouvrier tailleur, 1 ouvrier cordonnier et les soldats de 1re et 2e classe, dont il ne nous appartient pas de donner le chiffre dans ce travail.

Chaque régiment d'infanterie a pour son service :

3 caissons de munitions attelés à 4 chevaux;

23 voitures à un cheval pour le transport des vivres, bagages, outils et effets de rechanges.

3 voitures de cantinières;

12 mulets de bât porteurs d'outils de pionniers;

3 mulets de bât porteurs des cantines médicales.

B. Chasseurs à pied.

L'état-major d'un bataillon de chasseurs à pied est de :

1 chef de bataillon, 1 capitaine adjudant-major, 1 officier d'armement, 1 officier payeur, 1 médecin.

Chaque compagnie de chasseurs est organisée comme la compagnie d'infanterie.

Chaque bataillon de chasseurs à pied possède :

1 caisson de munitions attelé à 4 ;

8 voitures à un cheval pour le transport des vivres, effets et outils ;

1 voiture de cantinière ;

4 mulets de bât porteurs d'outils de pionniers ;

1 mulet de bât porteur des cantines médicales.

C. Habillement, armement et approvisionnement des troupes d'infanterie.

Les hommes de l'infanterie emportent avec eux (tant sur eux que dans le sac) 1 capote, 1 veste, 1 pantalon, 1 képi, 2 chemises, 2 caleçons, 1 ceinture de flanelle, 2 paires de souliers, 1 paire de guêtres en cuir et 1 paire de guêtres en toile, 1 étui-musette, 1 gamelle individuelle ; 3 jours de vivres de réserve et 5 jours de conserves ; des rechanges ou compléments sont portés sur les voitures affectées à cet usage.

Les officiers, adjudants et sergents-majors sont armés du sabre d'infanterie et du revolver : chaque officier ou sous-officier armé du revolver emporte avec lui 30 cartouches.

Les hommes sont armés du fusil modèle 1874 et de l'épée-baïonnette : ils emportent avec eux 74 cartouches par homme.

Les caissons de bataillon emportent un approvisionnement de 18,144 cartouches chacun, soit environ 181 cartouches par fusil ; les sections de munitions emportent l'approvisionnement de réserve pour la division entière, 574,560 cartouches par section.

Enfin, les troupes d'infanterie emportent encore avec elles un assortiment d'outils de pionniers, qui est porté partie par les hommes et partie par les voitures spécialement destinées à cet usage; cet assortiment se compose de :

1° *Outils portatifs de compagnie.* — L'assortiment d'outils portatifs de compagnie comprend quarante-huit outils, savoir :

Outils de destruction.
{ 4 pies (modèle de l'infanterie).
3 haches   (*Idem.*)
1 scie articulée (modèle du génie).

Outils de terrassier.
{ 8 pioches (modèle de l'infanterie).
32 bêches   (*Idem*).

Chaque escouade reçoit 3 outils, dont 1 outil de destruction ou 1 pioche, et 2 bêches.

2° *Outils portatifs de sapeurs hors rang.* — Les sapeurs ouvriers d'art ou hors rang reçoivent un assortiment de 13 outils, savoir :

1 scie articulée pour le caporal sapeur (modèle du génie);

6 pics (modèle de l'infanterie);

6 haches (modèle du génie).

3° *Outils portés par des animaux de bât.* — Le chargement de chaque mulet ou cheval de bât comporte 30 outils de terrassier, savoir :

12 pioches de parc emmanchées;

18 pelles rondes emmanchés.

4° *Outils portés par des voitures.* — Le chargement de la voiture régimentaire d'outils, comprend les outils et objets ci-après spécifiés :

20 haches de bûcheron emmanchées;

25 pioches emmanchées;

50 pelles rondes emmanchées;

20 serpes emmanchées;

4 scies passe-partout;

2 pinces de $0^m,60$;

1 pince de 1 mètre;

25 manches de rechange pour hache ou pour
pioche;

15 manches de rechange pour pelles rondes;

1 caisse d'outils d'art.

Il y a une voiture d'outils par bataillon de chasseurs et deux voitures d'outils par régiment d'infanterie.

Chaque cantine médicale contient 60 pansements.

ARTILLERIE DIVISIONNAIRE.

L'artillerie de chaque division se compose d'un groupe de quatre batteries de 90, prises dans le régiment divisionnaire de la brigade d'artillerie du corps d'armée (batteries n°° 4, 5, 6, 7, pour la 1re division, 8, 9, 10, 11, pour la 2e division).

Chacun de ces groupes de quatre batteries est commandé par un chef d'escadron d'artillerie auquel est adjoint un officier de réserve.

L'artillerie de chaque division est placée, en outre, sous les ordres du colonel (pour la 1re division) ou du lieutenant-colonel (pour la 2e division) du régiment d'artillerie divisionnaire de la brigade. — Un médecin et deux vétérinaires sont attachés à chacun de ces états-majors.

Chacun de ces états-majors à un fourgon à bagages pour son service particulier.

1° *Personnel de la batterie :*

Sur le pied de guerre, le cadre d'une batterie montée se compose de :

1 capitaine commandant,

3 lieutenants ou sous-lieutenants, dont un de réserve,

1 adjudant,

1 maréchal des logis chef,

10 maréchaux de logis, dont un maréchal des logis fourrier et un maréchal des logis sous-chef artificier,

11 brigadiers, dont un brigadier fourrier,

1 maître maréchal ferrant,

6 artificiers,

2 ouvriers en fer,

2 ouvriers en bois,

3 aides-maréchaux ferrants,

2 bourreliers,

3 trompettes,

(Un ouvrier tailleur et un ouvrier bottier dans le rang).

2° *Matériel de la batterie* (voitures).

Chaque batterie divisionnaire compte 18 voitures attelées à six chevaux, savoir :

6 pièces,

9 caissons,

1 forge,

1 chariot de batterie,

1 chariot fourrager.

Chaque groupe de batteries divisionnaires emmène en outre 2 fourgons à bagages, 11 fourgons de vivres, 1 voiture de cantinière.

A. Équipement, campement, harnachement et armement de l'artillerie.

Principaux effets d'équipement. — Les hommes montés de l'artillerie et du train d'artillerie emportent un dolman (dolman n° 1 pour les sous-officiers), 1 pantalon de cheval n° 1, et, pour les sous-officiers, 1 pantalon d'ordonnance, 1 ceinture de flanelle, 1 schako et 1 képi, 1 calotte d'écurie, 1 manteau et 1 portemanteau, 2 chemises, 1 paire de grandes bottes, 1 paire de bottines, 2 caleçons, 1 petite besace, 1 sac à distributions, 1 gamelle individuelle, etc.

Les sous-officiers, fourriers, maréchaux, trompettes des batteries à pied et des batteries montées, les brigadiers, bourreliers et conducteurs, tout le personnel des batteries à cheval et des compagnies du train d'artillerie sont habillés et armés en homme montés.

Les hommes non montés ont le pantalon d'ordonnance au lieu du pantalon de cheval, la capote au lieu du manteau, deux paires de souliers au lieu des bottes et bottines, un havre-sac, un étui-musette à la place de la petite besace.

Les sous-officiers et les fourriers des compagnies d'ouvriers et d'artificiers sont armés et équipés en hommes montés mais habillés en hommes non montés; les sous-officiers ont le dolman, les servants des batteries et tout le personnel de la troupe non compris dans les énumérations ci-dessus, sont habillés, équipés armés en hommes non montés.

Campement et harnachement.—Le campement et harnachement se compose :

1º Pour les hommes non montés, de 1 marmite, 1 bidon ou 1 seau en toile et 1 gamelle pour 4.

2º Spécialement pour les hommes montés de : 1 corde à fourrages, 1 musette-mangeoire, 1 bissac, 1 hache-maillet (les sous-officiers et brigadiers seulement), 1 corde à chevaux pour 16, 4 fers et 32 clous.

Armement. — Les hommes montés d'artillerie ont le sabre de cavalerie légère et le revolver. Les hommes non montés ont le mousqueton et l'épée-baïonnette.

Les hommes du train d'artillerie ont le sabre et la carabine de cavalerie. Les sous-officiers, trompettes et maréchaux ferrants ont le revolver en remplacement de la carabine.

B. Approvisionnements de l'artillerie divisionnaire.

Projectiles et charges. — Les *batteries de* 90 emmènent avec elles 924 coups, savoir : 681 obus ordinaires, 231 obus à balles, 12 boîtes à mitraille, soit 154 coups par pièce, répartis ainsi qu'il suit :

CANON DE 90.	Obus ordinaires.	Obus à balles.	Boîtes à mitraille.
Avant-train de la pièce....................	19	7	2
Avant-train du caisson....................	21	7	»
Arrière-train du caisson..................	42	14	»
Total par espèces, par pièce suivie de son caisson.	82	28	2
Pour les six pièces et leurs six caissons..	492	168	12
Trois autres caissons.....................	489	63	»
Total général par espèces..........	681	231	12
Total des coups.............		924	

Munitions pour armes portatives. — Les hommes de l'artillerie emportent avec eux 18 cartouches de mousqueton et 30 de revolver ; les hommes du train d'artillerie, 38 cartouches de carabine et 30 de revolver.

Vivres. — Les vivres pour hommes et pour chevaux sont répartis de la manière suivante :

Les hommes emportent avec eux : un repas dans l'étui-musette ou le bissac, 2 jours de vivres de réserve et 5 jours de conserve.

Les chevaux portent une ration d'avoine.

Sur les voitures à ce destinées, on met 2 jours de vivres de réserve, un jour de conserve, 2 jours d'avoine.

Instruments divers, outils, rechanges, etc... — Chaque batterie emporte avec elle 1 télémètre, 1 longue-vue de batterie, 1 boussole, 1 cric, 7 haches à tête et 6 hachettes, 41 pelles, 36 pioches, 20 faucilles, 6 scies articulées, 2 faux, 4 flambeaux Lamarre, 4 timons et 3 roues de rechange.

Le chariot de batterie renferme des outils d'ouvriers en bois, une caisse à charbon et les rechanges ferrées nécessaires aux réparations les plus urgentes.—Il peut recevoir 14 paires de harnais.

La forge porte les outils de serrurerie et tous les objets nécessaires pour le ferrage des chevaux ;

Le chariot fourragère est affecté aux besoins particuliers de la batterie.

Génie.

Une demi-compagnie du génie est attachée à chaque division.

Ambulance divisionnaire.

L'ambulance mobile d'une division d'infanterie comprend :

10 médecins, 1 pharmacien, 1 aumônier, 4 officiers d'administration, 111 infirmiers, 3 officiers du train.

A son service sont affectées :

1° 4 voitures techniques à 2 chevaux, savoir : 2 voitures de chirurgie, 2 voitures d'administration ;

2° 2 voitures régimentaires à un cheval pour les bagages du personnel ;

3° 26 voitures d'ambulance à 2 ou 4 roues pour le transport des blessés ;

4° 50 paires de cacolets et 5 paires de litières ;

5° 5 voitures régimentaires ou auxiliaires pour les vivres et le matériel de réserve ;

6º Une chapelle de campagne plus les approvisionnements nécessaires de couvertures, brancards, cantines médicales, etc...

§ 4. — Brigade de cavalerie.

État-major. — L'état-major d'une brigade de cavalerie se compose de 3 officiers, savoir : le général commandant, deux officiers d'ordonnance dont un de réserve et deux secrétaires.

Une voiture à bagages à 1 cheval est affectée à l'état-
major de la brigade.

Force publique. — Voir ci-dessus le paragraphe donnant la composition de la *Force publique* du corps
d'armée, p. 132.

Service de l'intendance. — Le service de l'intendance
de la brigade de cavalerie est dirigé par un sous-intendant secondé par deux officiers d'administration.

Le *régiment* de cavalerie en campagne compte 4 escadrons.

L'état-major du régiment de cavalerie en campagne
se compose de 1 colonel, 1 lieutenant-colonel, 2 chefs
d'escadrons, 1 capitaine adjudant-major, 1 officier adjoint au trésorier, 1 officier porte-étendard, 1 médecin,
2 vétérinaires.

Le cadre d'un escadron sur le pied de guerre est de
6 officiers, savoir : 1 capitaine commandant, un capitaine en second, 4 lieutenants ou sous-lieutenants dont
un de réserve ; 8 sous-officiers, 14 brigadiers dont un
maréchal ferrant. — L'escadron compte en outre,
4 trompettes, 2 aides-maréchaux, 1 ouvrier sellier,
1 ouvrier bottier, 1 ouvrier tailleur, et les cavaliers de
1re et 2e classe.

Chaque régiment de cavalerie de corps d'armée a
pour son service :

16 fourgons attelés à 2 pour le transport des vivres et

des bagages (12 pour les vivres, 4 pour les bagages);

1 forge attelée à 4;

2 voitures de cantinière.

Chaque régiment de cavalerie faisant partie des divisions de cavalerie indépendante a pour son service :

10 fourgons attelés à 2 pour le transport des vivres et des bagages (6 pour les vivres, 4 pour les bagages).

Les hommes des régiments de cavalerie emportent en campagne :

1 tunique ou dolman, un pantalon de cheval, un manteau, un porte-manteau, une ceinture de flanelle, un képi, une calotte d'écurie, un casque ou shako, un pantalon de treillis, deux chemises, une paire de bottes, une paire de bottines, deux caleçons, une petite besace, un sac à distribution, une gamelle individuelle, un jour de vivres de réserve, demi-ration d'avoine, cinq jours de vivres de conserve.

Des rechanges ou compléments sont portés sur les voitures affectées à cet effet.

Toute la cavalerie est armée du sabre dont le modèle diffère suivant l'arme, cavalerie de ligne ou cavalerie légère.

Les brigadiers et cavaliers des régiments de dragons, chasseurs, hussards ont la carabine modèle 1874.

Les officiers, sous-officiers ou hommes de troupe armés du revolver doivent emporter avec eux un approvisionnement de 30 cartouches. — Les hommes armés de la carabine emportent 38 cartouches par homme.

Les sections de munitions dont on verra plus loin la composition emportent avec elles le complément de ces approvisionnements.

Enfin les troupes de cavalerie emmènent un assoriment d'outils de pionniers et un approvisionnement de dynamite.

Ambulance. — L'ambulance mobile d'une brigade de cavalerie de corps d'armée se compose de 4 médecins, un aumônier, 2 officiers d'administration, 21 infirmiers.

A son service sont affectées :

1° 2 voitures régimentaires pour le transport de l'approvisionnement d'ambulance légère;

2° 6 voitures d'ambulance pour le transport des blessés;

3° 20 paires de cacolets portées par 20 mulets;

4° 3 voitures régimentaires ou auxiliaires pour le transport des vivres;

5° Une voiture de réquisition pour le transport du matériel de réserve, et 1 voiture à bagages.

------

§ 3. — Artillerie de corps.

L'artillerie de corps comprend deux groupes de batteries fournis par le 2e régiment de la brigade.

Le 1er groupe se compose de 4 batteries montées de 90 (batteries nos 3, 4, 5, 6 du régiment de corps).

Le 2e groupe comprend 2 batteries montées de 90 ou de 95 (batteries nos 1 et 2 du régiment de corps), et 2 batteries à cheval attelant du canon de 80 (batteries nos 11, 12 ou 13 du régiment de corps).

Chacun des groupes de l'artillerie de corps est commandé par un chef d'escadron auquel est adjoint un officier de réserve.

Toute l'artillerie de corps est placée sous les ordres du colonel du régiment de corps, auquel est adjoint un capitaine en second.

Deux médecins, dont un de réserve, trois vétérinaires dont deux de réserve, sont attachés à l'état-major de l'artillerie de corps.

Un fourgon à bagages est affecté au service de cet état-major.

Le commandant de l'artillerie de corps ne relève que du général commandant l'artillerie du corps d'armée (Extrait de l'instruction sur le service de l'artillerie en campagne).

Composition des batteries. — Pour ce qui est du personnel et du matériel, etc., se reporter à ce que nous avons dit plus haut au sujet des batteries divisionnaires, sauf les modifications ci-après : les deux groupes de l'artillerie de corps emmènent 24 fourgons à vivres et 4 fourgons à bagages, 2 voitures à cantinières ; le cadre de la batterie à cheval est le même que celui de la batterie montée avec deux aides maréchaux ferrants seulement au lieu de trois.

Projectiles et charges (1). — Les batteries de 95 emportent avec elles 756 coups, savoir : 378 obus ordinaires, 252 obus à balles, 126 obus à double paroi.

Soit 126 coups par pièce, répartis ainsi qu'il suit :

CANON DE 95.	Obus ordinaires.	Obus à balles.	Obus à double paroi.
Avant-train de la pièce....................	9	6	3
Avant-train du caisson	12	8	4
Arrière-train du caisson	24	16	8
Total par espèces, par pièce suivie de son caisson.	45	30	15
Pour les six pièces et leurs six caissons.........	270	180	90
Trois autres caissons	108	72	36
Total général par espèces	378	252	126
Total des coups....................	756		

(1) Pour ce qui concerne le canon de 90, voir le paragraphe consacré à l'artillerie divisionnaire, page 145.

Les batteries de 80 attèlent 9 caissons, emportent avec elles 990 coups, savoir : 681 obus ordinaires, 297 obus à balles, 12 boîtes à mitraille ; soit 165 coups par pièce, répartis ainsi qu'il suit :

CANONS DE 80.	Obus ordinaires.	Obus à balles.	Boîtes à mitraille.
Avant-train de la pièce.............	19	9	2
Avant-train du caisson,.............	24	9	»
Arrière-train du caisson.............	42	18	»
Total par espèces, par pièce suivie de son caisson.	82	36	2
Pour les six pièces et leurs six caissons...........	492	216	12
Trois autres caissons.............	189	81	»
Total général par espèces...........	681	297	12
Total des coups	990		

§ 6. — Génie.

A la réserve du génie du corps d'armée se trouvent :

1° Le chef de bataillon commandant le bataillon du génie de ce corps d'armée. Il est secondé par un adjudant.

2° Une compagnie du génie de réserve dont le cadre est de 5 officiers dont 1 de réserve ; 12 sous-officiers, 16 caporaux et 1 brigadier de sapeurs-conducteurs. Cette compagnie compte en outre 6 maîtres ouvriers, 2 tambours ou clairons.

A son service sont affectés : 4 voitures à 1 cheval pour le transport des bagages et des vivres ; 2 voitures de sapeurs-mineurs ; 2 mulets de bât pour le transport de la poudre et de la dynamite.

Les voitures de sapeurs-mineurs portent un approvisionnement d'outils que le cadre de ce travail ne nous permet pas d'énumérer ici. Chaque mulet de bât porte 27 kilogrammes de poudre et 113 cartouches de 100 grammes de dynamite.

Le parc du génie du corps d'armée se compose de 7 prolonges pour le transport des outils et agrès, et d'une forge. Son approvisionnement en outils est d'environ 12 pelles, 530 pioches, 35 pics, 200 haches, 315 serpes, 28 scies, etc..., portés par les prolonges.

Une demi-compagnie du génie est affectée à chaque division d'infanterie. Cette demi-compagnie compte 3 officiers dont 1 de réserve ; 6 sous-officiers, 8 caporaux, 1 tambour, 3 maîtres ouvriers.

1 voiture de sapeur-mineur, 1 voiture de vivres et 1 voiture à bagages sont affectées à cette compagnie.

------

§ 7. — Ambulance du quartier général.

L'ambulance du quartier général de corps d'armée se compose de 10 médecins, 1 pharmacien, un aumônier, 3 officiers d'administration, 42 infirmiers, 3 officiers du train.

Elle comprend :

1° 8 voitures techniques à 2 chevaux, savoir : 3 voitures de chirurgie, 2 de pharmacie, 3 d'administration ;

2° 10 voitures omnibus pour le transport des blessés (à 2 chevaux).

3° 20 voitures légères pour le transport des blessés (à 1 cheval).

4° 2 voitures régimentaires à un cheval pour les bagages du personnel ;

5° 30 paires de cacolets et 10 paires de litières (40 mulets) ;

6° 8 voitures à 2 chevaux pour les vivres et le matériel de réserve ;

7º Une chapelle de campagne ;

8º Une voiture de cantinière plus les approvisionnements nécessaires de couvertures, brancards, cantines médicales, etc.

---

§ 8. — Parc d'artillerie du corps d'armée et équipage de pont.

Parc d'artillerie. — Le parc d'artillerie du corps d'armée est divisé en deux échelons.

Le *premier échelon*, destiné à fournir à l'infanterie, à l'artillerie divisionnaire et à l'artillerie de corps ainsi qu'à la brigade de cavalerie du corps d'armée, un premier approvisionnement, comprend : *six sections de munitions*, numérotées de 1 à 6. — Les sections 1, 2, sont affectées au service des munitions d'infanterie, les sections 3, 4, 5, 6, au service des munitions d'artillerie.

Le *deuxième échelon* du parc, porte les munitions d'infanterie et d'artillerie pour le réapprovisionnement des sections du premier échelon ; il porte, en outre, les rechanges et les objets nécessaires aux réparations du matériel. Il est réparti entre *quatre sections de parc*.

Le parc d'artillerie est commandé par un officier supérieur d'artillerie (le Directeur de l'école d'artillerie de la brigade), assisté de : 1º un chef d'escadron d'artillerie, commandant les six sections de munitions ; il lui est adjoint un lieutenant ou sous-lieutenant de réserve.

2º Un officier supérieur du train d'artillerie, commandant le 2º échelon du parc.

3º Deux capitaines d'artillerie (dont un de la compagnie d'artillerie-pontonniers du corps d'armée).

3º Quatre gardes, un contrôleur d'armes, des ouvriers d'état, un chef artificier.

Nous verrons la composition des troupes qui font partie du parc en étudiant celle de chaque échelon.

1er *échelon du parc (Sections de munitions).* — La composition en personnel de chacune des sections de munitions, entrant dans la composition du 1er échelon du parc d'artillerie est le suivant :

Personnel des sections de munitions.

PERSONNEL.	Sections Nos 1 et 3.	Sections Nos 5 et 6.	Sections 2, 4 et 9 de munitions d'infanterie.
Cadres.			
Capitaine en second	1	1	1
Lieutenant ou sous-lieutenant (de réserve)	2	2	2
Sous-officiers { 1 maréchal des logis chef / 1 maréchal des logis fourrier / 1 maréchal des logis sous-chef artificier / 6 maréchaux des logis	9	9	8
Brigadiers	6	6	7
Artificiers	6	6	6
Ouvriers de batterie	4	4	4
Maréchaux ferrants	3	3	3
Bourreliers	2	2	2
Trompettes	2	2	2
Canonniers	»	»	»

Le personnel nécessaire aux sections 1, 2, 3, 4, est fourni par le régiment d'artillerie divisionnaire au moyen du dédoublement d'un certain nombre de batteries ; celui des sections 5 et 6, par le régiment d'artillerie de corps.

Les sections de munitions ont en matériel la composition suivante :

DÉSIGNATION.	NOMBRE de chevaux attelés.	SECTIONS de munitions d'infanterie.		SECTIONS DE MUNITIONS d'artillerie.			
		N° 1.	N° 2.	N° 3.	N° 4.	N° 5.	N° 6.
Bouches à feu.							
Canons de 95	»	»	»	»	»	»	1
Canons de 90	»	»	»	1	1	1	»
Canons de 80	»	»	»	»	»	»	»
Voitures.							
Affûts de 95	6	»	»	»	»	»	3
Affûts de 90	6	»	»	3	3	3	»
Affûts de 80	6	»	»	2	2	2	2
Caissons à munitions d'artillerie de 95	6	»	»	»	»	»	10
Caissons à munitions d'artillerie de 90	6	»	»	10	10	10	»
Caissons à munitions d'artillerie de 80	6	»	»	3	3	3	3
Caissons à munitions d'infanterie modèle 1858	6	32	32	»	»	»	»
Forges de 90 ou modèle 1827 transformé	6	»	»	1	1	1	1
Forges modèle 1858 transformé	6	1	1	»	»	»	»
Chariots de batterie modèle 1833	6	»	»	1	1	1	1
Chariots de batterie modèle 1858	4	1	1	»	»	»	»
Chariots fourragères	6	1	1	1	1	1	1
NOMBRE de voitures		35	35	22	22	22	22

Il faut encore ajouter les voitures destinées au transport des vivres, bagages, etc., savoir pour les sections de munitions divisionnaires :

7 fourgons, une demi-paire de cantines vétérinaires ; pour les sections de munitions de corps : 9 fourgons de vivres, une demi-paire de cantines vétérinaires.

Une voiture pour la cantinière.

Approvisionnements. — Les sections de munitions emportent les approvisionnements ci-après :

Les sections de munitions d'infanterie (n°s 1 et 2), portent, par caisson, 108 trousses contenant chacune 28 paquets de 6 cartouches modèle 1874, soit, par trousse, 168 cartouches ; par caisson, 18,144 cartouches, pour la section, 574,560 cartouches de fusil, modèle 1874 ; (un des 32 caissons de la section a un coffre d'avant-train chargé en cartouches de revolver).

Chaque section de munitions d'infanterie porte en outre 1152 bissacs.

		Obus ordinaires.	Obus à balles.	Obus à doubles parois.	Boîtes à mitraille.
Section de munitions d'artillerie n° 3.					
Munitions de 95	2 caissons de 95	72	48	24	»
Munitions de 90	10 caissons de 90	630	210	»	»
	4 coffres d'avant-train de 90	76	28	»	8
Munitions de 80	3 caissons de 80	489	84	»	»
	1 coffre d'avant-train de 80	19	9	»	2
Section de munitions d'artillerie n° 4.					
Munitions de 95	2 caissons de 95	72	48	24	»
	1 coffre d'avant-train de 95	9	6	3	»
Munitions de 90	10 caissons de 90	630	210	»	»
	4 coffres d'avant-train de 90	76	28	»	8
Munitions de 80	3 caissons de 80	489	84	»	»
Section de munitions d'artillerie n° 5.					
Munitions de 95	2 caissons de 95	72	48	24	»
Munitions de 90	10 caissons de 90	630	210	»	»
	4 coffres d'avant-train de 90	76	28	»	8
Munitions de 80	3 caissons de 80	489	84	»	»
	2 coffres d'avant-train de 80	38	18	»	4
Section de munitions d'artillerie n° 6.					
Munitions de 95	2 caissons de 95	72	48	24	»
	2 coffres d'avant-train de 95	18	12	6	»
Munitions de 90	10 caissons de 90	630	210	»	»
	4 coffres d'avant-train de 90	76	28	»	8
Munitions de 80	3 caissons de 80	189	84	»	»

Total général de l'approvisionnement des quatre sections de munitions d'artillerie.

	CALIBRES		
	95	90	80
1° *Par espèces :*			
Obus ordinaires....................	315	2824	843
— à balles....................	210	953	254
— à doubles parois..............	105	»	»
Boîtes à mitraille..................	»	32	6
2° *Par calibres*.............	630	3808	3782
Total des coups emportés.............	8,220 coups.		

Composition du 2ᵉ échelon du parc (Sections de parc). — Le personnel nécessaire pour la conduite des quatre sections de parc est fourni par les 3, 4, 5 et 6ᵉ compagnies du train d'artillerie de la brigade ; les 4 et 6ᵉ compagnies provenant du dédoublement des 3 et 5ᵉ.

Chaque compagnie du train d'artillerie en campagne a la composition suivante :

3 officiers, 8 sous-officiers (dont 1 adjudant), 2 fourriers (maréchal des logis et brigadier), 8 brigadiers, 3 maréchaux ferrants, 2 bourreliers, 2 trompettes, 164 conducteurs ;

Le service du 2ᵉ échelon du parc comprend en outre :

1° Une section à pied,

2 officiers, 5 sous-officiers (dont 1 chef artificier), 1 fourrier (maréchal des logis ou brigadier), 3 brigadiers, 1 trompette, 91 hommes.

2° Un détachement d'ouvriers d'artillerie,

1 officier, 4 sous-officiers (2 ouvriers en fer, 2 en bois), 1 fourrier (maréchal des logis ou brigadier), 4 brigadiers (2 ouvriers en fer, 2 en bois), 6 maîtres (3 ouvriers en bois, 3 en fer), 85 ouvriers.

3° Un détachement d'artificiers,

1 maréchal des logis ou brigadier, 1 maître, 13 artificiers.

Le matériel du deuxième échelon du parc comprend
5 bouches à feu et 175 voitures réparties ainsi qu'il suit :

NATURE DES VOITURES.	SECTIONS DE PARC				TOTAL.
	1.	2.	3.	4.	
Bouches à feu — de 95	»	»	1	»	1
Bouches à feu — de 90	1	1	1	»	3
Bouches à feu — de 80	»	1	»	»	1
Affûts — de 95	»	1	1	»	2
Affûts — de 90	2	2	2	»	6
Affûts — de 80	1	1	1	»	3
Caissons de munitions — d'artillerie de 95 à 6 chevaux	4	3	3	»	10
Caissons de munitions — d'artillerie de 90 à 6 chevaux	15	15	15	15	60
Caissons de munitions — d'artillerie de 80 à 4 chevaux	4	4	4	»	12
Caissons de munitions — d'infanterie mod. 1858, à 4 chevaux	15	15	15	»	45
Caissons de munitions — de revolver, à 4 chevaux	1	1	1	»	3
Forges de 90, mod. 1827, transformé, — Matériel, à 6 chevaux	»	»	»	7	7
Forges de 90, mod. 1827, transformé, — Ferrage, à 6 chevaux	1	1	1	1	4
Chariots de parc — de batterie, modèle 1858, pour le transport de la dynamite, à 4 chev.	»	»	»	2	2
Chariots de parc — pour le harnachement, à six chevaux	1	1	1	1	4
Chariots de parc — pour le matériel, à 6 chevaux sauf celui qui porte l'approvisionnement des armuriers	»	»	»	7	7
Chariots fourragères de batterie, à 6 chevaux	1	1	1	1	4
Chariots de parc des équipages militaires, à 4 chevaux	»	»	»	4	4
Forges des équipages militaires, à 4 chevaux	»	»	»	2	2
Totaux	45	45	45	40	175

Le parc attelle en outre 2 fourgons à bagages, 19 fourgons de vivres, une voiture pour la cantinière, et emporte une paire de cantines médicales sur les fourgons

à bagage, une cantine vétérinaire sur les fourgons de vivres.

Les *sections de parc* emmènent avec elles 7,266 coups (774 coups de 95, 5,292 de 90, 1,200 de 80, répartis ainsi qu'il suit :

	CALIBRES			OBSERVATIONS.
	95	90	80	
1° Par espèces.				
Obus ordinaires	387	3.954	832	(1) Un chariot du parc contient en outre six caisses blanches de boîtes à mitraille de 90 et trois caisses blanches de boîtes à mitraille de 80.
— à balles	258	1.323	360	
— à double paroi ...	129	»	»	
Boîtes à mitraille (1)...	»	18	8	
2° Par calibres	774	5.292	1.200	
TOTAL des coups	7.266			

Les sections de parc, n°s 1, 2, 3, emportent 108 trousses de 28 paquets de 6 cartouches de fusil, modèle 1874, dans chacun des 15 caissons de munitions d'infanterie affectés à chacune d'elles, soit, par caisson 18,144 cartouches et par section 272,160 cartouches. —Les sections de parc, n°s 1, 2, 3, portent, en outre, 540 bissacs.

La section de parc n° 4 emporte, dans les deux caissons appropriés à cet usage, et qui font partie de son matériel, 67,716 cartouches de revolver, modèle 1874, soit, 33,858 cartouches par caisson.

Les chariots chargés de dynamite portent chacun 2,160 amorces renfermées dans 4 boîtes placées dans l'avant-train, et 1500 cartouches de 100 grammes de dynamite renfermées dans 10 caisses placées sur l'arrière-train.

Tableau récapitulatif faisant connaître l'approvisionnement total de chaque batterie.

TRANSPORT.	Obus ordinaires.	Obus à balles.	Obus à double paroi.	Boîtes à mitraille (1).	OBSERVATIONS.
Batterie de 95 { la batterie	378	252	426	»	(1) Un chariot du 2e échelon du parc contient six caisses blanches de boîtes à mitraille de 90 et 3 de 80.
Section de munitions d'artiller.	457.5	405	52.5	»	
Section de parc	493.5	429	64.5	»	
Total par pièce	729	486	243	»	
Total général			1458		
Batterie de 90 { la batterie	684	234	»	12	
Section de munitions d'artiller.	235.33	79.33	»	2.66	
Section de parc	329.25	410.27	»	4.5	
Total par pièce	1245.58	420.6	»	16.46	(2) Cet approvisionnement est calculé le corps d'armée n'ayant que deux batteries de 80, la 3e batterie de 80 s'approvisionnant ailleurs.
Total général			1682.4		
Batterie de 80 à 9 caissons { la batterie	684	297	»	12	
Section de munitions d'artiller.	274	447	»	2	
Section de parc	277	420	»	2.5	
Total par pièce	1229	534	»	16.5	
Total général			1779.5 (2)		
La batterie de 80 à 8 caissons	1.466	507	»	16.5	
Total général			1689.5		

Équipage de pont. — Les pontonniers sont chargés des passages en bateaux, de l'établissement des ponts mobiles et quelquefois même des ponts fixes sur pilotis et sur chevalets.

A chaque corps d'armée est attaché un équipage de pont, dit *de corps d'armée*, un certain nombre d'équipages de ponts dits d'*armée* sont en outre organisés en tous temps pour le cas de réunion de plusieurs corps d'armée en armée.

L'équipage de pont de corps d'armée est servi par une compagnie de pontonniers et attelé par la compagnie n° 2 du train d'artillerie de la brigade (compagnie formée par le dédoublement de la compagnie n° 1).

La compagnie de pontonniers se compose de :

    2 capitaines,
    3 lieutenants ou sous-lieutenants,
    9 sous-officiers,
    1 fourrier,
    16 brigadiers et maîtres,
    2 trompettes,
    120 hommes environ.

L'équipage de pont de corps d'armée compte 38 voitures spéciales, savoir :

    21 haquets à bateaux, à 6 chevaux,
    15 chariots de parc, à 6 chevaux,
    2 forges outillées, à 6 chevaux, il emmène en outre 3 voitures à 6 chevaux, destinées au service de la compagnie du train qui attelle l'équipage, savoir :

    1 forge pour le ferrage,
    1 chariot de parc,
    1 chariot fourragère.

Enfin l'équipage de pont de corps d'armée reçoit 1 fourgon à bagages et 6 à vivres.

L'équipage de pont forme deux divisions et une

réserve. Chaque division peut construire un pont de 64 mètres.

La division d'équipage de pont de corps d'armée se compose de 7 sections, 1 section de culées, 1 section de chevalets, 4 sections de bateaux, 1 section de forge.

La réserve porte les outils et approvisionnements de rechange.

---

§ 9.—Convois et train des équipages.

Convois.

Le convoi des subsistances d'un corps d'armée compte 4 officiers ou adjudants d'administration, 9 officiers du train des équipages, 69 commis et ouvriers militaires d'administration et 185 voitures, à 2 ou 4 chevaux.

Le convoi des subsistances attaché à une division d'infanterie compte 4 officiers ou adjudants d'administration, 3 officiers du train des équipages, 90 commis et ouvriers militaires d'administration, 139 voitures à 2 ou 4 chevaux.

Le convoi des subsistances attaché à une division de cavalerie indépendante comprend 4 officiers ou adjudants d'administration, 19 commis et ouvriers militaires d'administration, 1 fourgon à 2 chevaux.

La réserve d'effets du quartier général du corps d'armée se compose d'un officier d'administration, 34 ouvriers, 8 voitures à 2 ou 4 chevaux.

Train des équipages militaires.

L'escadron du train des équipages militaires de chaque corps d'armée mobilise cinq compagnies pour le service de ce corps d'armée. La 6ᵉ compagnie de l'escadron est employée en dehors selon les besoins du service.

La compagnie n° 1 attelle l'ambulance, le convoi des subsistances, les voitures de la trésorerie et des postes de la 1re division ; elle emmène en outre 2 forges à 4 chevaux, 1 chariot de parc et 1 chariot fourragère attelés également à 4 chevaux.

Le cadre de cette compagnie est de 5 officiers, 11 sous-officiers et 17 brigadiers.

La compagnie n° 2 (compagnie n° 1 dédoublée) attelle une moitié du convoi des subsistances du quartier général. Elle emmène en outre 2 forges à 4 chevaux, 1 chariot fourragère et 1 chariot de parc attelés également à 4. Le cadre de cette compagnie est de 4 officiers, 13 sous-officiers, 22 brigadiers.

La compagnie n° 3 attelle l'ambulance, le convoi des subsistances, les voitures de la trésorerie et des postes de la 2e division. Elle a la même composition que la compagnie n° 1.

La compagnie n° 4 attelle les voitures de la trésorerie et des postes du quartier général du corps d'armée et de la brigade de cavalerie ; les voitures du service télégraphique de la section de 1re ligne, l'ambulance de la brigade de cavalerie, la seconde moitié du convoi des subsistances du quartier général, la réserve d'habillement et d'équipement. Elle emmène en outre 2 forges, 1 chariot de parc et 1 chariot fourragère attelés à 4. Le cadre de cette compagnie est de 4 officiers, 11 sous-officiers, 17 brigadiers.

La compagnie n° 5 dite compagnie légère est affectée aux ambulances légères de tout le corps d'armée. Son cadre se compose de 4 officiers, 12 sous-officiers et 18 brigadiers.

§ 10.—Divisions de cavalerie indépendante.

Ainsi que nous l'avons dit plus haut, les régiments de cavalerie qui n'entrent pas dans la composition des corps d'armée forment des divisions ou des brigades indépendantes qui peuvent être réparties entre les diverses armées, selon les besoins du moment.

Chaque division se compose de trois brigades : une brigade de cavalerie légère (hussards ou chasseurs), une brigade de dragons et une brigade de cuirassiers.

Nous ne reviendrons pas ici sur ce qui a été dit dans les paragraphes précédents au sujet de la composition des brigades et des régiments de cavalerie (1) et nous nous bornerons à parler du quartier général de la division et des différents services qui s'y rattachent.

Quartier général de la division de cavalerie.

État-major de la division. — L'état-major d'une division de cavalerie indépendante se compose de huit officiers, savoir : le général commandant et ses deux officiers d'ordonnance, un lieutenant-colonel, chef d'état-major, un chef d'escadron et deux capitaines d'état-major, un capitaine en second de cavalerie.

L'aide de camp du général figure dans le nombre des officiers d'état-major attachés à la division.

Un sous-officier monté des sections de secrétaires d'état-major et trois secrétaires sont employés à l'état-major de la division.

Deux fourgons à deux chevaux sont affectés au service de cet état-major.

Escorte. — Il n'est pas formé d'escorte spéciale. Le général commandant la division, dans le cas où il le

---

(1) Voir page 148.

juge nécessaire, prend, pour faire ce service, un peloton d'un des régiments de la division.

Services administratifs. — Les services administratifs de la division de cavalerie sont dirigés par un sous-intendant, auquel sont adjoints un fonctionnaire de réserve de l'intendance et deux officiers d'administration.

Trésorerie et postes. — Le service de la trésorerie et des postes est assuré par un payeur particulier, chef du service de la division, et par deux payeurs adjoints ou commis de trésorerie.

Télégraphie militaire. — L'organisation du service de la télégraphie légère n'a pas encore reçu de consécration officielle.

Force publique. — La force publique de la division de cavalerie se compose d'un sous-officier, 2 brigadiers de gendarmerie et 18 gendarmes commandés par un lieutenant.

Vivres régimentaires. — Une voiture à vivres est affectée au service du quartier général.

Artillerie.

L'artillerie attachée aux divisions de cavalerie indépendante est fournie par des batteries à cheval, attelant du canon de 80, prises dans les régiments de corps. Trois batteries à cheval sont attachées à chaque division de cavalerie ; on a vu plus haut la composition des batteries à cheval (1), cependant la composition de celles qui sont attachées aux divisions de cavalerie indépendante n'est pas absolument identique à

---

(1) Voir pages 152, 163.

celle des batteries détachées à l'artillerie de corps des corps d'armée.

Les batteries à cheval des divisions de cavalerie indépendante attellent 18 voitures : 6 pièces, 8 *caissons* (1), 1 forge, 1 chariot de batterie, 1 chariot-fourragère, 1 *caisson de munitions* pour armes portatives ; de plus, dans chaque groupe de trois batteries affecté à chaque division de cavalerie, l'une de ces trois batteries attelle une dix-neuvième voiture, qui est un chariot de batterie chargé de dynamite et attelé à 6 chevaux.

Pour le transport des bagages, chaque batterie à cheval emmène un fourgon ; une demi-paire de cantines vétérinaires est affectée à chaque batterie.

La division de cavalerie indépendante n'a pas de sections de munitions ; ses batteries se réapprovisionnent aux sections de munitions d'artillerie d'un des corps d'armée le plus à proximité.

Le groupe des batteries attachées à une division de cavalerie indépendante est commandé par un chef d'escadron d'artillerie auquel est adjoint un officier de réserve. Un vétérinaire est attaché à chaque groupe de batterie.

Les commandants des groupes d'artillerie attachés aux divisions de cavalerie reçoivent les ordres du commandant de cette division pour tout ce qui concerne les marches, la police, la discipline. Ils relèvent directement du commandant de l'artillerie de l'armée à laquelle appartiennent ces divisions pour tout ce qui est du matériel et des approvisionnements.

---

(1) Les batteries emportent un approvisionnement de 180 coups par pièce.

Ambulances.

L'ambulance mobile d'une division de cavalerie indépendante comprend : 6 médecins, 1 aumônier, 3 officiers d'administration, 27 infirmiers, 1 officier du train.

A son service sont affectés :

1° 3 chariots à galerie pour le transport de l'approvisionnement de l'ambulance légère;

2° 6 voitures d'ambulance à 4 roues ;

Plus les approvisionnements nécessaires de couvertures, brancards, cantines médicales, etc.

Convoi de vivres de réserve

Nous avons vu plus haut la composition du convoi affecté à chaque régiment de cavalerie et au quartier général de la division.

« La réunion des fourgons régimentaires à vivres du quartier général des régiments de cavalerie et des batteries à cheval constitue le *convoi de vivres de réserve*. Ce convoi est placé sous les ordres d'un officier que désigne le général de division et auquel est adjoint le cadre de conduite, qui marche avec les équipages du quartier général lorsque le convoi n'est pas constitué. — C'est au général de division qu'il appartient, soit de prescrire la formation du convoi, soit d'en ordonner la dislocation; il peut, du reste aussi, suivant les circonstances, grouper dans chaque brigade les voitures à vivres des deux régiments et y adjoindre celles d'une batterie à cheval, de manière à former des convois de vivres de réserve de brigade. — Quant aux convois auxiliaires qui peuvent être formés éventuellement pour une division de cavalerie indépendante, notamment lorsqu'elle est dans les lignes de l'armée et non plus en avant de ces lignes, ils sont constitués exclusivement avec des voitures, des chevaux et des conducteurs de réquisitions (1). »

(1) *Aide-mémoire de l'officier d'état-major en campagne*, 1879.

CHAPITRE VI

DES MARCHES
ET DE L'INSTALLATION DES TROUPES
EN CAMPAGNE.

SOMMAIRE. — § 1er. *Des marches en campagne.* — Ordres de marche de l'infanterie, de la cavalerie, de l'artillerie. — Ordre normal de marche de la division et du corps d'armée.
Appendice. Transports militaires par chemins de fer.
§ 2. *Installation des troupes en campagne :* Logement. — Cantonnement, — Réquisitions militaires, — Camps et bivouacs.

---

§ 1er. — Des marches en campagne.

Ordre de marche de l'Infanterie (1).

Une troupe qui marche à proximité de l'ennemi se garde au moyen de différentes fractions qu'elle détache et qui prennent les noms d'avant-garde, de flanqueurs et d'arrière-garde.

Suivant la nature et la largeur des chemins, les troupes d'infanterie marchent en colonne de route (par escouade), ou par le flanc sur quatre rangs, ou, enfin, dans certains cas, des deux côtés de la route, en laissant le milieu de la chaussée libre.

On commence toujours la route d'un pas modéré; la tête de la colonne doit marcher à une allure aussi réglée que possible. Il faut être très sobre de sonneries pendant la marche; il serait désirable de s'en abstenir complètement. — Pendant les marches, il est défendu de tirer des armes à feu, de faire aucun cri de *Halte!* ni de *Marche!* de s'arrêter individuellement. Il n'est rendu d'honneurs qu'au commandant en chef de l'armée.

---

(1) Données extraites de l'Instruction du 4 octobre 1875 sur le service de l'infanterie en campagne.

La fréquence et la durée des haltes sont déterminées d'après le but du mouvement et la distance à parcourir.

Lorsqu'une colonne profonde doit passer un défilé qui peut la forcer à s'allonger, le commandant de la colonne, sans arrêter la marche, fait prévenir les chefs de bataillon ; ceux-ci font serrer en masse en arrivant près du défilé ; chaque subdivision y entre successivement en accélérant le pas et en serrant le plus près possible. La subdivision de la tête, après l'avoir traversé, s'arrête dès qu'elle a laissé derrière elle l'espace nécessaire pour contenir la colonne serrée en masse ; elle est remise en marche assez tôt pour que les dernières subdivisions ne soient pas obligées de s'arrêter après avoir effectué leur passage.

Nulle troupe en marche ne doit être coupée par une autre. Une troupe qui en trouve une autre arrêtée passe si elle a la priorité dans l'ordre de bataille ou si l'autre ne veut pas user à l'instant même de son droit de marcher la première ; deux troupes qui se croisent appuient réciproquement à droite.

Avant-garde. — L'avant-garde veille à la sûreté de la troupe en marche sur le front ainsi que sur les flancs si la colonne n'a pas une trop grande profondeur.

Une compagnie a généralement pour avant-garde une section, un bataillon une compagnie, un régiment un bataillon, une brigade deux bataillons, une division un régiment.

L'avant-garde s'échelonne en détachements de plus en plus petits et qui, en partant du corps principal, prennent les noms de *gros*, de *tête* et de *pointe d'avant-garde*.

Par exemple, dans un régiment en marche, le gros de l'avant-garde est formé par trois compagnies du bataillon d'avant-garde; la quatrième compagnie de ce bataillon forme la tête d'avant-garde et détache comme pointe une section.

La pointe elle-même détache une escouade en avant (deux au besoin); celle-ci se couvre par un groupe d'éclaireurs, et, si le terrain le permet, par un ou deux groupes sur les côtés. Ces derniers ne s'éloignent guère à plus de 200 mètres de la route.

Le reste de l'escouade marche groupé à 100 ou 150 mètres des éclaireurs les plus avancés; le reste de la pointe à 100 ou 150 mètres en arrière; la tête d'avant garde à 200 ou 300 mètres de la pointe; le gros de l'avant-garde à 300 mètres de la tête d'avant-garde et à 600 ou 700 mètres en avant du corps principal.

Ces distances n'ont, du reste, rien d'absolu; elles peuvent être modifiées d'après la nature du pays, la proximité de l'ennemi et la composition des colonnes.

Pour des colonnes comprenant des troupes de toutes armes, l'avant-garde se compose de détachements des différentes armes; la cavalerie fournit alors la tête et la pointe d'avant-garde.

Dans ce cas, la distance qui sépare la pointe d'avant-garde du corps principal est, au minimum, de 2,500 mètres.

En tout cas, les avant-gardes sont composées de fractions constituées; elles n'emmènent jamais leurs bagages avec elles.

La pointe d'avant-garde a pour mission d'assurer la marche de la colonne dans la direction ordonnée, et d'examiner avec soin le terrain en avant et sur les flancs; la tête d'avant-garde appuie, renforce et soutient la pointe en cas de besoin; le gros de l'avant-garde prend l'offensive dès que l'ennemi est signalé, soutient le combat pendant que le corps principal prend ses dispositions, et, en tout cas, appuie les échelons qui le précèdent.

Corps principal. — Le corps principal, couvert par son avant-garde et au besoin par des flanqueurs, marche dans l'ordre le plus convenable pour se mettre rapidement en état de combattre.

Lorsqu'une colonne d'infanterie est accompagnée de ses équipages, ceux-ci marchent entre le corps principal et l'arrière-garde, dans l'ordre ci-après : les ambulances, les voitures de subsistances, les bagages. Dans aucun cas, la présence des équipages n'est tolérée au milieu des troupes, dont elle pourrait retarder la marche.

Flanqueurs. — L'avant-garde suffit généralement, comme il a été dit plus haut, à protéger les flancs d'une colonne en marche, lorsque la force de cette colonne ne dépasse pas celle d'une brigade ; quelquefois cependant l'allongement produit par les difficultés de la marche, la présence constatée de l'ennemi sur un des flancs, ou la nature du terrain, peuvent obliger le corps principal à fournir des détachements de flanqueurs.

Ces détachements marchent à hauteur du corps principal en suivant autant que possible les chemins latéraux, et se tiennent en communication, non-seulement avec lui, mais aussi avec les patrouilles de flanqueurs envoyées par l'avant-garde. Ils cherchent à dérober leur présence à l'ennemi en s'avançant le plus possible à couvert, et s'éclairent eux-mêmes au moyen de petites patrouilles de trois hommes qui se maintiennent en vue de la fraction chargée de les soutenir.

Lorsque les détachements de flanc marchent éloignés du corps principal, on doit leur attacher quelques cavaliers qui assurent leurs communications et transmettent rapidement les renseignements recueillis.

Arrière-garde. — Le rôle de l'arrière-garde consiste à surveiller les derrières de la colonne pour empêcher l'approche de l'ennemi ; elle a en outre une mission d'ordre et de police ; elle arrête les maraudeurs et empêche les traînards de rester en arrière.

L'arrière-garde est habituellement composée de la manière suivante :

Pour une brigade ou un régiment, une demi-compagnie ou une section, pour un bataillon deux escouades, pour une compagnie une escouade. — L'arrière-garde se maintient à 200 mètres de distance du corps principal ou des dernières voitures des convois. Trois hommes marchant à 100 mètres plus loin forment la pointe d'arrière-garde.

Dans une marche en retraite, l'arrière-garde est destinée à couvrir et à assurer les derrières de la colonne principale. Sa force est égale à celle de l'avant-garde ; son rôle est purement défensif. L'arrière-garde dans une retraite ne doit jamais laisser aux mains de 'ennemi un matériel de guerre dont il pourrait tirer parti.

Régiment d'infanterie en marche.

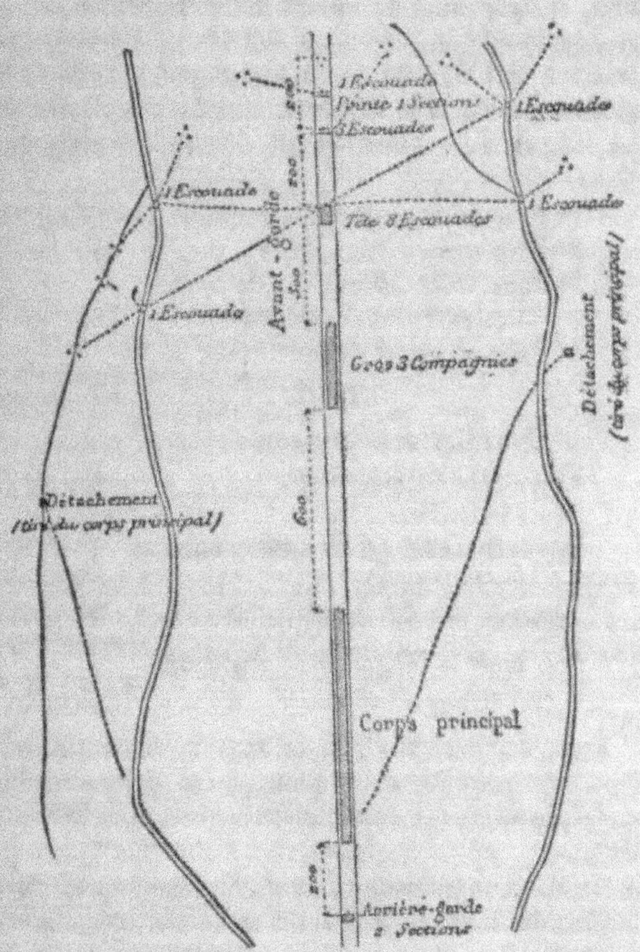

Évaluation des longueurs (1). — L'espace occupé par
un homme dans le rang (en bataille) est de 70 centi-

(1) Données extraites de l'Instruction provisoire du 1ᵉʳ juillet 1877
sur les marches en campagne.

mètres. Si une troupe fait par le flanc en doublant les files, chaque rang de quatre prend en profondeur un espace double du précédent, soit 1ᵐ,40. Partant de ce principe la longueur de la compagnie à l'effectif du pied de guerre (235 h.) peut être fixée à 85 mètres. La longueur du bataillon est déterminée ainsi qu'il suit :

1° Pour l'état-major du bataillon. .	12	mètres.
2° Pour quatre campagnes	340	—
3° Pour trois intervalles de 7 mè- tres entre les compagnies. . . .	21	—
4° Pour un mulet de bât	3	—
Total.	376	mètres.

Pour un régiment nous aurons :

Etat-major du régiment	45	—
Trois bataillons.	1128	—
Deux distances de 20 mètres entre les bataillons.	40	—
Train de combat du régiment . . .	52	—
Soit pour la longueur du régiment en colonne au repos.	1265	mètres.

Dans les marches l'expérience a démontré qu'il faut tenir compte d'un allongement minimum d'un quart ; la longueur du régiment devient alors 1571 mètres.

Dans ces appréciations on a tenu compte pour l'évaluation des longueurs du train de combat des données suivantes :

La voiture régimen- taire attelée à . .	1 cheval a	7ᵐ	de longueur.
	2 chevaux	8	—
	4 —	11	—
	6 —	13	—

La distance réglementaire entre deux voitures est de

un mètre dans les calculs de longueur, cette distance est toujours ajoutée à celle de chaque voiture.

Pour un bataillon de chasseurs à pied les longueurs sont évaluées de la manière suivante :

Longueur du bataillon . . . . 376 mètres.

Caisson de munition (12 mètres) et voiture d'outils (8 mètres), distances comprises. 20

Soit . . . . 396 mètres.

Si les voitures de bagages et de vivres marchent avec le bataillon, nous devons y ajouter les longueurs de 2 voitures à bagage à un cheval. 16 mètres.

6 fourgons de vivres. . . 48 —

1 voiture de cantinière. . 8 —

Soit . . . 72 mètres. 72 —

Total général. . . 468 mètres.

Vitesse de la marche.—La vitesse de marche de l'infanterie est normalement de 72 mètres à la minute.

Pour les troupes en marche, l'expérience a permis de constater qu'une colonne d'infanterie bien dirigée, marchant sur une bonne route, dans des conditions climatériques satisfaisantes, peut facilement parcourir de 3,600 à 4,000 mètres à l'heure, haltes horaires de 10 minutes comprises.

Dans ces conditions la *durée de l'écoulement* d'une compagnie a été évaluée à 1 minute et demie environ, celle d'un bataillon avec ses mulets et son caisson, à 5 ou 6 minutes, celle d'un régiment d'infanterie avec son train de combat, à 16 ou 20 minutes.

Ordre de marche de la cavalerie (1).

Nous ne reviendrons pas dans cet alinéa sur ce qui concerne la mission de l'avant-garde, de l'arrière-garde et des flanqueurs ; la police dans les marches, les haltes, etc., ce qui a été dit à ce sujet dans « l'ordre de marche de l'infanterie » peut en effet s'appliquer à toutes les autres armes, nous nous bornerons à parler de la composition de ces différents éléments et de leur manière d'opérer.

Avant-garde. — Comme l'avant-garde d'infanterie, l'avant-garde de cavalerie s'échelonne en détachements de plus en plus petits et qui en partant du corps principal prennent les noms de *gros*, de *tête* et de *pointe d'avant-garde*. Sur les flancs, elle détache des patrouilles qui reconnaissent les routes latérales.

La force des avant-gardes varie suivant les circonstances du $\frac{1}{4}$ au $\frac{1}{8}$ de l'effectif total de la troupe.

La tête d'avant-garde d'une brigade de cavalerie est formée d'un peloton qui détache en pointe à 400 mètres en avant quatre cavaliers sous les ordres d'un sous-officier.

Le gros de l'avant-garde marche à 600 mètres du peloton.

Si un escadron marche isolément, il est précédé à 600 mètres par son avant-garde, composée d'un seul peloton.

La distance du gros de l'avant-garde au corps principal varie suivant la force de ce dernier, et suivant les circonstances ; mais en règle générale on peut dire qu'elle doit être fixée à 600 mètres pour deux esca-

---

(1) Données extraites de l'Instruction du 17 février 1875 sur le service de la cavalerie en campagne.

drons, 1000 mètres pour un régiment, 1500 mètres pour une brigade.

Les avant-garde sont toujours composées de fractions constituées, elles n'emmènent jamais leurs bagages avec elles.

Corps principal. — Le corps principal marche habituellement dans l'ordre en colonne par quatre, quelquefois aussi dans l'ordre en colonnes par pelotons. Les chevaux de remplacement des officiers suivent chaque régiment avec les chevaux déferrés et ceux des hommes démontés. Lorsque la colonne est accompagnée de ses équipages, ceux-ci marchent entre le corps principal et l'arrière-garde dans l'ordre suivant : les ambulances, les voitures de subsistance, les bagages. La présence des équipages ne doit pas être tolérée au milieu des troupes.

Flanqueurs. — L'allongement produit par les difficultés de la marche, la présence constatée de l'ennemi sur un des flancs, ou la nature du terrain peuvent quelquefois obliger le corps principal à fournir des détachements de flanqueurs.

Ces détachements marchent à hauteur du corps principal, et se tiennent en communication, non-seulement avec lui, mais aussi avec les patrouilles de flanqueurs envoyées par l'avant-garde. Ils cherchent à dérober leur présence à l'ennemi en s'avançant le plus possible à couvert, et s'éclairent eux-mêmes au moyen de petites patrouilles de deux cavaliers qui se maintiennent, autant qu'elles le peuvent, en vue de la fraction chargée de les soutenir.

Lorsque les détachements de flanc marchent éloignés du corps principal, ils assurent leurs communications avec lui en échelonnant des cavaliers qui transmettent rapidement les renseignements recueillis.

Pour passer un bois de grande étendue avec une troupe nombreuse, le commandant de cette troupe la fractionne en plusieurs colonnes qui suivent des routes parallèles s'il est possible, afin de donner moins de prise à une embuscade, et de pouvoir, dans une certaine mesure, se protéger mutuellement.

Dans les haltes gardées, le commandant du corps principal, s'il ne se trouve pas suffisamment couvert sur les flancs, détache de petites patrouilles pour surveiller le terrain en occupant les hauteurs voisines.

Arrière-garde. — L'arrière-garde a généralement la composition suivante :

Un peloton pour une brigade ou un régiment, un demi-peloton pour un demi-régiment, six hommes pour un escadron.

Dispositif de marche d'une brigade de cavalerie.

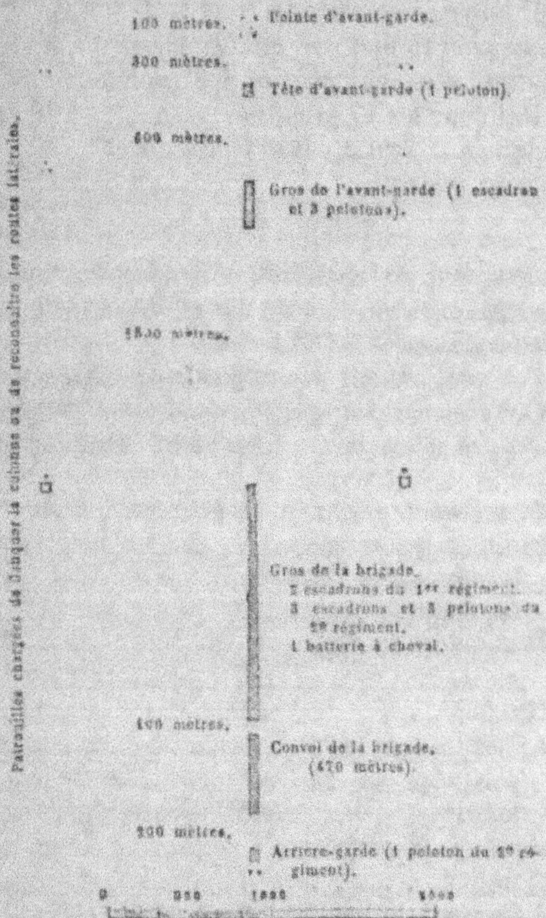

Évaluation des longueurs (1). — L'escadron de cavalerie compte 135 cavaliers dans le rang, plus les

---

(1) Données extraites de l'instruction provisoire du 1er juillet 1877 sur les marches en campagne.

officiers, une partie des sous-officiers, les trompettes et huit hommes non montés.

L'escadron rompu par quatre forme 17 groupes de 8 cavaliers occupant chacun une profondeur de 6 mètres, soit pour les 17 groupes . . . . . . 102 mètres.

Auxquels il faut ajouter 16 distances
de 1^m,50, soit. . . . . 24 —

Total. . . . . 126 mètres.

La longueur de l'escadron doit donc être évaluée à 130 mètres environ et avec un allongement du quart approximativement à 160 mètres.

Si l'on veut obtenir la longueur du régiment, marchant en colonne par quatre, sans tenir compte bien entendu des avant-garde, flanqueurs et arrière-garde, on aura :

16 trompettes, soit.	14 mètres.
Distance entre les trompettes et l'état-major.	12 —
État-major du régiment.	10 —
Distance.	12 —
4 Escadrons et trois distances de 12 mètres.	556 —
Médecins et vétérinaires	7 —
4 Chevaux de bât. .	7 —
Une forge attelée à 4.	11 —
20 Chevaux de main	20 —

Total. . . . . . 649 — soit 650 mètres,

et si on tient compte de l'allongement du quart, 812 mètres, soit 820 mètres.

On arriverait ainsi à avoir environ 1700 mètres (allongement compris) pour la longueur d'une brigade de cavalerie marchant en colonne par quatre, en tenant compte d'une distance réglementaire d'au moins 24 mètres entre les régiments et d'une longueur de 20 mètres pour l'état-major de la brigade.

Vitesse de marche d'une troupe de cavalerie. — La vitesse de marche d'une colonne composée des différentes armes est celle de l'infanterie. Ainsi que nous l'avons dit (page 177), on ne doit guère compter alors sur une vitesse supérieure à 3,600 mètres ou 4,000 mètres à l'heure, halte comprise.

Une troupe de cavalerie voyageant isolément peut parcourir, en moyenne :

Au pas, 1 kilomètre en 10 minutes ;

Au trot, 1 kilomètre en 4 minutes 15 secondes.

Aux allures du pas et du trot mélangés (temps de trot, de 1,500 à 1,800 mètres, alternant avec une même distance, au pas) une troupe de cavalerie peut faire facilement 12 kilomètres à l'heure, sans halte.

Elle mettrait ainsi environ quatre heures pour faire 40 kilomètres, avec deux haltes.

Si la distance à parcourir dépasse 50 ou 60 kilomètres, il est nécessaire de couper la marche en deux fractions à peu près égales par une grande halte, dont la durée varie suivant la longueur de la route à faire, mais qui ne sera pas moindre de quatre ou cinq heures si la distance totale est de 100 ou 120 kilomètres.

Au galop, une troupe de cavalerie, voulant tenter une surprise, tomber inopinément sur l'ennemi, pourrait parcourir 1 kilomètre en une minute quarante-cinq secondes, 2 kilomètres en quatre minutes environ, 4 kilomètres en dix minutes, 8 kilomètres en une demi-heure ; ces allures ne peuvent être employées que dans des cas absolument exceptionnels.

Ordre de marche de l'artillerie.

Les colonnes d'artillerie adoptent deux formations distinctes suivant qu'elles sont en marche en pays ami ou qu'elles se trouvent à proximité de l'ennemi. Nous aurons donc à étudier pour le dispositif de route de l'artillerie, d'abord l'ordre de *marche ordinaire*, puis *l'ordre de marche de la batterie de combat.*

Ordre de marche ordinaire. — La colonne d'artillerie voyageant en pays ami ou au moins hors des atteintes de l'ennemi est précédée d'une avant-garde marchant à 200 mètres en avant du gros de la colonne; au besoin une troupe d'infanterie ou de cavalerie est mise à sa disposition pour l'éclairer ou la soutenir.

Les voitures marchent sur une file et tiennent la droite de la route. Dans les batteries, chaque pièce est suivie de son caisson, les autres voitures ferment la marche.

Dans les sections de munitions et les sections de parc, les voitures marchent également par file, elles tiennent la droite de la route dans l'ordre suivant :

Caissons à munitions d'artillerie, caissons à munitions d'infanterie, affûts de rechange, chariot de batterie, forges, etc...

Les servants à pied marchent à hauteur de leur pièce ou montent sur les coffres suivant les ordres donnés à cet effet par le commandant de la colonne. Ils peuvent aussi être réunis à l'arrière de la batterie ou placés à l'arrière-garde de la colonne.

Les ouvriers marchent avec les forges.

Les servants à cheval sont le plus souvent formés sur deux rangs qui marchent séparément de chaque côté de la route; ils peuvent aussi être réunis en un peloton à l'arrière de la batterie.

Les chevaux de main marchent à la queue de la colonne.

Les chefs d'escadron et les capitaines commandants marchent en tête de leurs batteries.

Évaluation des longueurs. — La longueur en colonne des différents groupes d'artillerie marchant par file de voitures a été calculée d'après les bases suivantes : les pièces, caissons et autres voitures de batteries attelées à six chevaux, représentent une longueur de 14 mètres ; la distance réglementaire entre 2 voitures dans les batteries montées, entre le peloton de servants à cheval suivant chaque pièce et le caisson de cette pièce dans les batteries à cheval, est de 1 mètre ; la longueur d'un peloton de servants à cheval est de 6 mètres ; la longueur d'un attelage est de 3 mètres.

Partant de ces principes,

La *batterie montée*, en colonnes par pièces et au repos, les servants montés sur les coffres, a une longueur de 303 mètres qui se décompose ainsi qu'il suit :

18 voitures (à 14 mètres) avec distances, 269 mètres.

5 attelages haut le pied avec distances. 19   —

1 capitaine et les trompettes avec distances. 12   —

Les maréchaux ferrants. 3   —

303 mètres.

En route, il faut ajouter à ce chiffre de 303 mètres l'allongement qui se produit inévitablement dans les marches et qui est évalué au quart de la longueur totale, soit, pour la longueur de la batterie en marche, 376 mètres.

Si la batterie montée ne marchait qu'avec 15 voitures (six caissons au lieu de neuf), la longueur de cet élément ne serait plus que de 258 mètres, soit, avec l'allongement du quart, 322 mètres environ.

La *batterie à cheval* d'artillerie de corps en colonne par pièces et au repos, les servants à cheval en peloton derrière leurs pièces, a une longueur de 345 mètres, qui se décompose ainsi qu'il suit :

18 voitures (à 14 mètres) avec distances. 269 mètres.
6 pelotons de servants à cheval. . . . . 36 —
6 intervalles entre les pelotons de servants et les caissons. . . . . 6 —
5 attelages haut le pied, avec distances. 19 —
1 capitaine et les trompettes avec distances. . . . . 12 —
Les maréchaux ferrants. . . . . 3 —

345 mètres.

En route, il faut ajouter à ce chiffre de 345 mètres l'allongement du quart, ainsi qu'il a été dit ci-dessus, ce qui donne, pour la longueur de la batterie à cheval en marche, 430 mètres environ.

Si la batterie à cheval n'avait que 15 voitures (six caissons au lieu de neuf), sa longueur ne serait plus, au repos, que de 299 mètres, soit, en route, avec l'allongement du quart, 374 mètres environ.

Les longueurs des *batteries à cheval appartenant à une division de cavalerie indépendante* doivent être calculées comme celles des batteries à cheval de l'artillerie de corps ; mais, pour une des trois batteries affectées à chaque division, ces longueurs doivent être augmentées de 14 mètres par suite de la présence d'une 19e voiture (chariot de dynamite).

La *section de munitions d'artillerie* en colonne par voitures et au repos a une longueur de 380 mètres environ, qui se décompose ainsi qu'il suit :

22 voitures attelées à 6 avec distances. . . . 330

A reporter. 330

Report.	330
8 attelages haut le pied avec distances. . . .	29
1 capitaine et les trompettes avec distances.	12
Les maréchaux ferrants.	3
	374

En tenant compte de l'allongement du quart, la longueur de la section de munitions d'artillerie en marche sera donc de 460 mètres.

La *section de munitions d'infanterie*, en colonne par voitures et au repos a une longueur de 470 mètres environ, qui se décompose ainsi qu'il suit :

35 voitures à 4 chevaux, plus une voiture à 6 chevaux, avec distances.	433 mètres.
5 attelages haut le pied, avec distances.	18 —
1 capitaine et les trompettes, avec distances	12 —
Les maréchaux ferrants.	3 —
1 mulet.	3 —
	469 mètres.

En tenant compte de l'allongement du quart, la longueur de la section de munitions d'infanterie en marche peut donc être évaluée à 590 mètres.

La distance entre chaque batterie ou section est réglementairement de 12 mètres.

La longueur d'*un parc d'artillerie* de corps d'armée (les sections de munitions non comprises), est évaluée, avec les allongements, à 4,020 mètres environ. Cette longueur se décompose de la manière suivante :

État major (10 mètres) et distance (10 mètres).	20 mètres.

		Report.	20 mètres.
1er groupe.	1re section (623 mètres), soit, avec allongement.	778	—
	Distance.	20	—
	2e section (623 mètres), soit, avec allongement.	778	—
	Distance.	600	—
2e groupe.	3e section (585 mètres), soit, avec allongement.	731	—
	Distance.	20	—
	4e section (545 mètres), soit, avec allongement.	681	—
	Distance.	20	—
	Section à pied (marchant par quatre).	53	—
	Distance. . . . . . , ...	10	—
	Détachement d'ouvriers (100 hommes.	56	—
	Détachement d'artificiers (15 hommes).	8	—
	Bagages et vivres (22 fourgons à 2 chevaux).	244	—

4,019 mètres.

Arrière-garde. — L'arrière-garde marche à 150 ou 200 mètres de la queue de la colonne. Cette arrière-garde a surtout pour mission, en pays ami, de veiller à ce que rien ne se perde, à ce qu'il ne reste pas d'hommes en arrière; elle prête secours aux voitures qui ont éprouvé des avaries et fournit, au besoin, une garde à celles qui ont été forcées de rester en arrière.

Allures. — La route se fait partie au pas, partie au trot.

Au pas, l'allure doit être réglée à 4 kilomètres à l'heure, y compris les haltes, franche et sans à-coups.

Les voitures qui perdent leur distance, la reprennent sans trotter.

S'il arrive un accident à une voiture, on la fait sortir de la file pour la réparer, et les autres voitures serrent à leur distance. Si la voiture à laquelle il est arrivé un accident ne peut quitter la file, les autres voitures la doublent immédiatement ; dans aucun cas, la continuité de la colonne en marche ne doit être interrompue.

Au trot, l'allure doit être bien enlevée, très franche et sans à-coups.

Au moment du départ au trot chaque batterie doit laisser celle qui la précède gagner une certaine longueur de chemin.

Chaque batterie soutient son allure sans s'astreindre à maintenir rigoureusement sa distance avec la batterie qui la précède ; cette distance se reprend au moment de la halte.

Rencontre d'une autre colonne. — Lorsque deux troupes viennent à se rencontrer, avons-nous dit déjà, elles appuient réciproquement à droite et continuent de marcher si la largeur de la route le permet.

Si les deux troupes ne peuvent continuer leur chemin en même temps, l'artillerie doit s'arrêter pour laisser passer l'infanterie, la cavalerie doit s'arrêter pour laisser passer l'artillerie ; en cas de rencontre de deux régiments de même arme, le premier dans l'ordre de bataille continue sa route.

Ordre de marche de la batterie de combat et de ses réserves (1). — Une batterie sur le pied de guerre se fractionne en trois groupes : 1° la batterie de combat, composée de six pièces et de six caissons ; 2° la réserve

---

(1) Extrait du règlement sur les manœuvres et les évolutions des batteries attelées du 17 mars 1879.

de batterie comprenant les caissons de deuxième ligne, la forge, le chariot de batterie et tous les hommes qui ne trouvent pas place dans la batterie de combat; 3° le convoi de subsistances formé par le chariot fourragère et les fourgons à vivres et à bagages.

La batterie de combat et sa première réserve marchent généralement réunies ; en tout cas elles se suivent de manière à pouvoir se rejoindre aussi promptement que possible ; le troisième groupe, au contraire, est souvent séparé des deux autres et forme alors avec les éléments analogues des autres batteries une colonne spéciale. Chacun des groupes de la batterie de combat est organisé d'ailleurs de manière à pouvoir vivre isolément.

L'ordre dans lequel marchent les différents éléments de la batterie de combat varie, suivant que cette batterie est montée ou à cheval.

A) *Batterie montée*.—Dans la batterie montée, chaque pièce est suivie d'un caisson. Les 53 servants (artificiers compris) que peut transporter la batterie de combat marchent à pied ou montent sur les coffres suivant l'ordre du capitaine commandant donné d'après les circonstances dans lesquelles on se trouve.

En avant de la colonne se tiennent deux sous-officiers ou brigadiers pris parmi les plus exercés dans l'emploi du télomètre et dans les reconnaissances du terrain.

Viennent ensuite les six pièces et les six caissons, chaque caisson derrière sa pièce, les chefs de pièce et les chefs de caisson marchent à hauteur du conducteur de devant de leur voiture, les lieutenants à la tête de leur section près du chef de leur 1re pièce. Les six attelages haut le pied marchent en file derrière le dernier caisson.

La distance entre les divers éléments en file est de

1 mètre. — Sur les routes la batterie marche soit par pièces, soit par sections ; en colonne par pièce sa longueur est d'environ 200 mètres, soit 250 mètres avec l'allongement.

Toutes les fois que la largeur des chemins le permettra, la batterie marchera en colonne par section ; sa longueur sera alors de 105 mètres, soit environ 130 mètres avec l'allongement.

B) *Batterie à cheval.* — Dans la batterie à cheval, les six pièces marchent toujours en tête de colonne et les six caissons en queue. Les 54 servants montés (artificiers compris) marchent par peloton de huit derrière les pièces, un septième peloton de six servants supplémentaires se tient derrière le dernier caisson, après ce peloton viennent les six attelages haut le pied.

Comme dans la batterie montée la distance entre les divers éléments est de 1 mètre. La batterie marche ordinairement en colonne par pièce, sa longueur est alors de 240 mètres, soit de 300 mètres environ avec l'allongement du quart.

C) 1re *Réserve de la batterie de combat.* — La première réserve, dite réserve de batterie de combat, marche toujours dans le même ordre, qu'elle appartienne à une batterie montée ou à une batterie à cheval.

En avant les hommes à pied, 37 pour la batterie, 35 pour la batterie à cheval, marchant par 4 ; puis la colonne des voitures dans l'ordre suivant : caissons de munitions d'artillerie, caissons de munitions pour carabine et revolver (batteries attachées aux divisions de cavalerie), chariot de batterie, chargé du harnachement et des rechanges de matériel, chariot chargé de dynamite (dans une batterie par division de cavalerie) et enfin la forge.

Les voitures marchent en colonne par voiture ou sur

deux files suivant la longueur de la route. Dans le premier cas la longueur est de 85-105 mètres, dans le second de 55-70 mètres, environ.

Les deux premiers groupes (batterie de combat et réserve) restent autant que possible réunis sous la main du capitaine.

Si la batterie doit prendre le trot, tous les hommes à pied des batteries montées ne pouvant trouver place sur les coffres de la réserve, celle-ci doit continuer sa route au pas, et rejoindre la batterie de combat dès qu'elle le peut ;

D) *2° Réserve de la batterie de combat. — Subsistances.* — Le 3° groupe de la batterie se compose du chariot fourragère, des fourgons de vivres et du fourgon à bagages, et est placé sous le commandement d'un sous-officier. Ce 3° groupe n'est réuni aux deux autres que lorsque la batterie marche isolément ; mais il reste toujours sous l'administration du capitaine commandant, et doit rejoindre la batterie chaque jour à moins de circonstances exceptionnelles.

Les voitures du 3° groupe marchent sur une ou deux files suivant la largeur de la route et les ordres donnés ; dans le premier cas, la longueur du groupe est d'environ 55-75 mètres, dans le second de 35-45 mètres.

Ordre normal de marche de la division et du corps d'armée (1).

Principes généraux. — Les colonnes doivent être organisées de façon qu'elles soient à l'abri des surprises et que les éléments dont elles se composent marchent

---

(1) Extrait de l'instruction du 1er juillet 1877 sur les marches en campagne, de l'instruction du 19 février 1879 sur les manœuvres d'automne, etc.

dans l'ordre commandé par l'urgence de leur arrivée sur le champ de bataille.

Il est de toute nécessité de soumettre à une très grande régularité les mouvements des agglomérations nombreuses. L'ordre s'obtient par la rigoureuse observation des mesures de police et de surveillance prescrites par les règlements. La régularité dépend de la vitesse, de la profondeur des colonnes, de leur allongement, etc.

La vitesse de marche d'une colonne est celle de l'infanterie.

Une colonne si faible qu'elle soit s'allonge dès qu'elle se met en marche.

Cet allongement s'accroît avec la vitesse et la durée de la marche; il gêne et retarde l'exécution des mouvements; il impose inutilement aux hommes des fatigues considérables. On ne peut le supprimer complètement, mais on arrive à le neutraliser par la vitesse modérée des têtes de colonnes, par le fractionnement et en coupant la marche à intervalles égaux par des haltes horaires (de dix minutes).

Fractionnement. — Les bataillons, régiments, escadrons et batteries sont séparés par les distances réglementaires suivantes :

20 mètres entre les bataillons d'un même régiment.
30 — entre les deux régiments d'une même brigade.
60 — entre deux brigades.
12 — entre deux escadrons d'un même régiment.
12 — entre les batteries.
30 — entre une troupe d'infanterie et les batteries.

Ces distances sont toujours augmentées de l'espace nécessaire à l'allongement du groupe qui précède pendant cinquante minutes de marche, soit de un tiers ou un quart de la longueur du groupe.

Marche de la division. — Une division isolée se couvre par une avant-garde, des flancs-garde et une arrière-garde.

L'avant-garde se compose d'un peloton de cavalerie destiné à former une liaison avec la cavalerie qui éclaire la colonne et avec les colonnes voisines. A 500 mètres de ce peloton vient la première compagnie du bataillon tête d'avant-garde. A 300 mètres les trois autres compagnies de ce bataillon suivies elles-mêmes par la demi-compagnie du génie avec son parc.

Le gros de l'avant-garde marche dans l'ordre suivant:

A 600 mètres l'état-major de la première brigade et un peloton de cavalerie;

L'état-major, les deuxième et troisième bataillon du régiment d'avant-garde;

Une ou deux batteries d'artillerie;

Une section d'ambulance.

Le gros de la division suit à 3,000 mètres dans l'ordre suivant :

Généralement l'état-major de la division ;

Un peloton de cavalerie;

Le premier bataillon du régiment qui fournit l'avant-garde;

Trois ou deux batteries d'artillerie;

Les deuxième et troisième bataillons du deuxième régiment;

L'état-major de la deuxième brigade;

Le troisième et le quatrième régiment avec leurs voitures d'outils et de munitions;

Le reste de l'ambulance, puis la section de munitions d'artillerie et celle d'infanterie s'il en est attaché à la division.

L'arrière-garde est composée d'une ou deux compagnies et d'un demi-peloton de cavalerie. Elle se tient au moins à 800 mètres de la queue du gros de la division.

Le train régimentaire de la division comprend toutes les voitures de vivres et de bagages, les voitures du Trésor et des postes. Il est placé pendant la marche sous le commandement de l'officier de gendarmerie de la division, et vient toujours après l'arrière-garde.

La distance qui sépare la colonne du train régimentaire de la colonne de combat ne peut pas être inférieure à 1500 mètres.

Le train régimentaire marche dans l'ordre suivant :

1° La force publique escortant les prisonniers;

2° Les équipages du quartier général, les voitures du Trésor et des postes, les voitures de vivres du génie et de l'ambulance;

3° Les équipages du premier et du deuxième régiment d'infanterie; ceux de l'artillerie, ceux des troisième et quatrième régiment d'infanterie.

Le convoi administratif des subsistances, sous les ordres du capitaine du train, suit la colonne à une distance variable.

D'après l'instruction provisoire du 1er juillet 1877 sur les marches en campagne, la longueur totale de la division d'infanterie marchant sur une seule route, *avec ses sections de munitions d'infanterie et d'artillerie*, avant-garde, arrière-garde et train régimentaire et allongement compris, est de 17,820 mètres, soit 18 kilomètres.

Marche du corps d'armée.

Le service d'exploration et de sécurité appartient à la brigade de cavalerie; elle se répartit le plus ordinairement en trois échelons reliés entre eux par des postes de correspondance.

L'un des régiments opère en pointe, deux de ses escadrons font l'exploration du front, les deux autres constituent un premier soutien.

Le deuxième régiment servant de réserve, marche à 7 ou 8 kilomètres des éclaireurs. Il a avec lui la batterie à cheval et l'ambulance de la cavalerie.

L'avant-garde du corps d'armée vient à 2,500 mètres de la queue de la cavalerie et marche dans l'ordre ci-après :

Un bataillon d'infanterie et la demi-compagnie du génie avec son parc ;

A 600 mètres l'état-major de la brigade d'avant-garde ;

Les deux bataillons du régiment qui a fourni la tête d'avant-garde ;

Deux batteries montées ;

Le 2ᵉ régiment ;

Une partie de l'ambulance divisionnaire ;

Les fourgons de vivres du 2ᵉ régiment de cavalerie (ceux du 1ᵉʳ régiment de cavalerie, marchent avec le train régimentaire du quartier général.)

Le gros de la colonne du corps d'armée suit à 4 kilomètres dans l'ordre ci-après :

1° le restant de la 1ʳᵉ division comprenant :

L'état-major de la division ;

Un demi-escadron de cavalerie ;

L'état-major de la 2ᵉ brigade d'infanterie ;

Le bataillon de chasseurs ;

Deux batteries montées ;

Les 3ᵉ et 4ᵉ régiments d'infanterie ;

Le reste de l'ambulance de la 1ʳᵉ division ;

Un détachement de police.

2° A 500 mètres vient l'artillerie de corps.

3° A 500 mètres de l'artillerie de corps, la 2ᵉ division d'infanterie dans l'ordre ci-après :

L'état major de la division ;

Un peloton de cavalerie ;

La compagnie de réserve du génie et une demi-compagnie du génie ;

L'état-major de la 3e brigade d'infanterie ;

Les 5e et 6e régiments d'infanterie ;

4 batteries montées :

L'état-major de la 4e brigade d'infanterie ;

Le 7e régiment, le 8e régiment moins un bataillon qui forme l'arrière-garde ;

L'ambulance de la 2e division ;

Un détachement de police ;

Le premier échelon du parc d'artillerie comprenant deux sections de munitions d'infanterie et quatre sections de munitions d'artillerie.

L'arrière-garde, formée par un bataillon d'infanterie, marche à 800 mètres de la colonne, à laquelle elle est reliée par quelques cavaliers.

Le train régimentaire du quartier général comprend : les voitures de vivres et de bagages du quartier générale, celle du trésor, des postes, de la télégraphie et des corps non endivisionnés. Le tout est commandé par le capitaine de gendarmerie vaguemestre du corps d'armée. Pour la marche on réunit le train régimentaire du quartier général à ceux des divisions. — Le prévôt prend le commandement des trains régimentaires lorsqu'ils marchent réunis.

L'ambulance du quartier général se place à 300 mètres en avant de la colonne des trains régimentaires. — Cette colonne vient toujours après l'arrière-garde et à 1800 mètres au moins du parc d'artillerie.

Le convoi administratif vient à environ 15 kilomètres de la colonne de combat. Il est placé sous les ordres du chef d'escadron du train des équipages.

La longueur du corps d'armée en ordre de marche normal à proximité de l'ennemi peut être évaluée de la manière suivante :

La brigade de cavalerie éclairant la marche du corps d'armée forme avec ses pointes et ses différents éléments un réseau d'une profondeur de. . . . . 9,500 m.

La distance entre la cavalerie et la pointe d'avant-garde est de. 3,000

La longueur de l'avant-garde est de. . 4,900

La distance entre l'avant-garde et le gros est de. 4,000

La longueur comprise entre les pointes d'éclaireurs et le gros est donc d'environ. 21,400

Les longueurs de la colonne de combat du gros du corps d'armée sont approximativement.

1re division (non compris la brigade d'infanterie et la batterie d'artillerie d'avant-garde), avec son train de combat et sans les sections de munitions. 5,000

Distance entre la première division et l'artillerie de corps. 500

Artillerie de corps (sans sections de munitions). 2,260

Distance entre l'artillerie de corps et la 2e division. 500

Deuxième division (sans sections de munitions) et parc du génie. 8,510

16,770

Nous avons ensuite :

Distance entre la queue de la colonne et l'arrière-garde. 800

Arrière-garde, environ. 600

Total de la colonne de combat. 18,170

La distance minima entre l'arrière-garde et les convois est de. . . . . 1,800 m.

La longueur du parc d'artillerie, qui se subdivise aujourd'hui en deux échelons distincts, est au total d'environ. 7,540

Savoir : 1er échelon (sections de munitions). 3,700

2e échelon (sections de parc). 3,840

La colonne des trains régimentaires du corps d'armée, allongement compris est d'environ. 6,100

Le convoi des subsistances a une longueur de. 2,000

La *durée de l'écoulement* de la colonne de combat d'une division d'infanterie marchant à la vitesse de 72 mètres à la minute, avant-garde et artillerie divisionnaire comprises, est évaluée à trois heures et demie. La durée de l'écoulement de la colonne de combat d'un corps d'armée marchant dans les mêmes conditions (avant-garde, artillerie divisionnaire et artillerie de corps comprises, sans sections de munitions) est de six heures et demi à sept heures.

Transports militaires par chemins de fer (1)

Transports stratégiques. — Les transports stratégiques se divisent en deux catégories : les transports *en deçà de la base d'opérations*, et les transports *au delà de la base d'opérations*.

---

(1) Voir le règlement général pour les transports militaires par voies ferrées (Décret du 1er juillet 1874).

Transports en deçà de la base d'opérations.

Les transports *en deçà de la base d'opérations* comprennent les transports de mobilisation, de concentration, de ravitaillement et d'évacuation. Ils ont lieu entre les stations, points de départ primordiaux des corps ou établissements expéditeurs, et les *stations de transition*. Ils sont ordonnés par le Ministre de la guerre, et exécutés par les compagnies de chemins de fer, sous la haute direction de la commission militaire supérieure secondée par les commissions de ligne et les commissions d'étapes.

Gare de point de départ d'étapes. — Tous les transports à destination d'un corps d'armée prenant leur origine dans la circonscription territoriale de ce corps d'armée, sont effectués sur chacune des lignes de l'intérieur à l'extérieur, à partir de la *gare de point de départ d'étapes* affectée à ce corps, et sur laquelle sont, en conséquence, dirigés d'abord tout le personnel et le matériel du corps d'armée.

A partir de cette gare, les transports sont réunis, autant que possible, en trains spéciaux et dirigés, sans rompre charge :

1º Les transports de personnel, sur la *station de transition*.

2º Les transports de matériel sur *les stations-magasins*.

Inversement, les transports de personnel et de matériel d'un corps d'armée en cours d'opérations sont expédiés de l'extérieur, gare de transition ou station-magasin, sur la gare de point de départ d'étapes.

Commissions d'étapes. — L'exécution du service, dans les gares points de départ d'étapes, est assurée, avec le concours des compagnies de chemins de fer, par la *commission d'étapes de point de départ d'étapes*, qui fonctionne sous la direction de la *commission de ligne* et la haute direction de la *commission militaire supérieure des chemins de fer*.

Les commissions d'étapes sont ainsi composées : un capitaine ou officier supérieur, commissaire militaire, un agent des compagnies, commissaire technique, et dans les stations-haltes pour les repas, un officier d'administration des subsistances.

Les commissions d'étapes reçoivent, avons-nous dit, leurs instructions des commissions de ligne ou de la commission militaire supérieure des chemins de fer; elles avisent à toutes les dispositions nécessaires pour l'exécution de ces dispositions ; elles assurent les distributions de vivres, les soins à donner aux blessés, et, de concert avec les autorités compétentes, le logement des militaires isolés et des troupes de passage.

« La spécialité des fonctions de chacun des agents, dit le règlement du 1er juillet 1874, doit être maintenue dans l'exécution du service, de la façon la plus absolue. Toutefois, ils ne doivent pas perdre de vue que leur association a principalement pour but de concilier, dans des cas pressants, les exigences propres du service militaire avec celles du transport par chemins de fer, et de subordonner, s'il y a lieu, les unes aux autres d'après leur urgence relative.—Au commissaire militaire appartient, dans la gare, les fonctions *d'un commandant de place ;* il en exerce tous les droits sur les isolés ou les corps de troupes qui s'y embarquent, la traversent ou y débarquent. En conséquence, les commandants de ces troupes, quel que soit leur grade, sont obligés de se mettre en rapport avec le commissaire militaire, de faire observer toutes les consignes établies soit dans l'intérieur de la gare, soit à ses abords pour le maintien du bon ordre et pour éviter l'encombrement ; ils sont tenus également de déférer à toute recommandation verbale qui leur serait faite dans ce but par le commissaire militaire. — Le commissaire technique est, de son côté, seul responsable du mouvement des trains ; il est seul compétent pour surveiller l'exécution des ordres de service par les agents de la compagnie et pour leur donner des instructions. — Un journal d'opérations est tenu en commun par les deux commissaires. — Un rapport quotidien, extrait de ce journal, est adressé par chaque commission d'étapes à la commission de ligne dont elle relève. »

Les commissions d'étapes qui fonctionnent en deçà de la base d'opérations prennent, suivant leurs attributions, les dénominations ci-après :

Commission d'étapes de mobilisation ;
—   — d'embarquement ;
—   — de station-halte repas temporaire ;
—   — de station-halte repas permanente ;
—   — de bifurcation ;
—   — de débarquement ;
—   — de point de départ d'étapes ;
—   — de station-magasin ;
—   — de station de transition ;

Stations-magasins. — Les stations dans lesquelles doivent être concentrés le matériel et les denrées nécessaires à l'armée prennent le nom de *stations-magasins.* Leur emplacement est déterminé par la commission militaire supérieure d'après les ordres du Ministre. Les stations-magasins sont dites de première, deuxième ou troisième ligne suivant leur proximité de l'ennemi. Les magasins de 1re ligne sont, autant que possible, établis dans les places fortes ou sous la protection de leur canon.

Les stations-magasins ont pour but tout à la fois de maintenir disponibles à proximité du théâtre des opérations, les approvisionnements de toute espèce, et de servir de régulateur au mouvement de ces approvisionnements, soit vers l'armée, soit vers l'intérieur, en cas de retraite.

Les stations-magasins établies en deçà de la base d'opérations relèvent administrativement de l'intendant du corps d'armée dans l'arrondissement territorial duquel elles se trouvent, celles établies au delà de la base d'opérations relèvent de l'intendant en chef de l'armée. (Art. 124 du règlement du 1er juillet 1874).

Chaque station-magasin est placée sous le commandement d'un officier supérieur commandant d'étapes ; cet officier supérieur a, sous ses ordres, un détachement de troupes de l'armée territoriale. Un fonctionnaire de l'intendance dirige l'ensemble des services administratifs de la station. (Art. 126 dudit règlement).

En-cas mobiles.—Deux ou trois trains de munitions ou de subsistances, tout chargés et prêts à partir, sont échelonnés sur chaque ligne de transport en avant de la station-magasin la plus rapprochée de l'armée. Ces magasins roulants portent le nom d'*en-cas mobiles.*

Transports au delà de la base d'opérations.

Stations de transition. — Les stations de transition sont celles où cesse l'exploitation des compagnies et où commencent les transports exécutés par la direction militaire des chemins de fer de campagne. Ces transports sont ordonnés par les généraux en chef, et assurés par les commissions militaires, par l'intermédiaire des *commandants d'étapes de chemins de fer,* avec le matériel des chemins de fer et au moyen des *sections techniques d'ouvriers de chemins de fer de campagne* et *des compagnies d'ouvriers militaires des chemins de fer.*

Direction des chemins de fer de campagne. Il est créé, à l'état-major général de l'armée, *une direction des chemins de fer de campagne* qui reçoit directement ses instructions du chef de l'état-major général de l'armée (art. 96 du règlement précité).

Cette direction se compose d'un officier général ou d'un colonel, et d'un ingénieur des chemins de fer.

Cet officier général ou ce colonel a voix prépondérante dans les délibérations ; sous ses ordres sont placés un officier supérieur du génie, commandant les troupes spéciales de chemins de fer ;—un officier supérieur d'artillerie ; — un fonctionnaire de l'intendance ; — un payeur principal ; — plus un certain nombre d'officiers et d'agents variant suivant les besoins du service.

La direction des chemins de fer de campagne dirige tous les transports par voie ferrée entre les différentes fractions de l'armée et les stations de transition.—Elle est secondée par les commissions militaires de chemins de fer de campagne et par les commandements militaires d'étapes de chemins de fer de campagne.

Commissions militaires de chemins de fer de campagne. — Aux termes de l'art. 101 du règlement du 1er juillet 1874, les commissions militaires de chemins de fer de campagne sont chargées des travaux de construction, de réparation et de destruction de la voie et des ouvrages d'art, du choix et de l'installation des stations ouvertes au service des transports, du mouvement des trains, de l'exécution des travaux d'entretien de la voie, de la garde militaire de la voie et des bâtiments, ainsi que de la protection des trains, du service d'étapes pour les détachements ou isolés allant à l'armée ou en revenant.

Les commissions sont composées de :

Un officier supérieur, président ;

Un officier du génie commandant les troupes spéciales ;

Un fonctionnaire de l'intendance ;

Un ingénieur des chemins de fer.

A chacune de ces commissions sont attachés un personnel d'exécution et un personnel auxiliaire.

Le personnel d'exécution se compose d'un détachement d'ouvriers de chemin de fer du génie, secondé au besoin par un détachement du personnel des services de la voie et de l'exploitation recruté dans le personnel de la compagnie qui est astreint au service militaire.

Le personnel auxiliaire comprend : un détachement de gendarmerie ; un personnel d'agents secondaires pour les bureaux ; les détachements de troupes nécessaires pour la protection de la voie et des trains.

Commandements militaires d'étapes de chemins de fer de campagne. — Les commandants militaires de chemins de fer de campagne sont les agents d'exécution locaux, dont la commission militaire des chemins de fer de campagne dispose, sur chaque section (art. 105 du règlement du 1er juillet 1874). Les commandements militaires se composent de : un officier, commandant militaire, un chef de gare, pris dans les troupes spéciales du génie ou dans le personnel provenant des compagnies de chemins de fer, un fonctionnaire de l'intendance, s'il y a lieu, et un comptable.

Stations têtes d'étapes de guerre. — Sur chacune des

sections de voies ferrées à ouvrir au delà de la base d'opérations, la direction militaire des chemins de fer de campagne détermine une ou plusieurs stations qui portent le nom de *stations têtes d'étapes de guerre*. Ces stations sont affectées spécialement aux transports d'un ou plusieurs corps d'armée et organisées autant que possible de manière à satisfaire à tous les besoins.

Exécution des transports.

Fractionnement des trains. — La direction des chemins de fer de campagne est chargée, avons-nous dit de la préparation des transports à effectuer par les voies ferrées; les officiers attachés aux états-majors doivent concourir à ce travail par l'établissement d'un document indispensable à sa confection et qui est intitulé : *Tableau de préparation du mouvement du * corps d'armée dans sa concentration sur...*

Ce tableau (mod. nº 7 annexé au règlement du 1er juillet 1874), dont on trouvera plus loin un fac-simile, indique le fractionnement des troupes et du matériel à embarquer; il est donc indispensable de connaître à l'avance quelle fraction de troupes chaque train peut enlever.

Les trains militaires peuvent comprendre jusqu'à 40 et même, dans certains cas exceptionnels, 50 voitures; s'il importe d'un côté que chacun de ces trains enlève la plus grande quantité possible de personnel et de matériel, il est indispensable aussi que les troupes voyagent toujours par fractions constituées. Partant de ces considérations on est arrivé à admettre que chaque train pouvait emporter :

Le tiers des éléments constitutifs d'un quartier général d'armée;

La moitié des éléments constitutifs d'un quartier général de corps d'armée;

Un quartier général de division ;

Un bataillon ;

Un escadron ;

Une batterie ;

Une demi-section de munitions de chacun des échelons du parc ;

Un cinquième du convoi des subsistances divisionnaires, ou des ambulances du corps d'armée ;

Un sixième du convoi des subsistances du quartier général ou de l'équipage de pont de corps d'armée.

Le transport d'un corps d'armée demande dès lors 100 trains de chemin de fer.

Le tableau de préparation du mouvement établi d'après ces données et conformément au modèle ci-après est transmis à la direction des chemins de fer de campagne qui détermine ensuite les jours et heures de départ, prépare et expédie les ordres relatifs à ces mouvements.

Modèle N° 7.

TABLEAU DE PRÉPAR...

du (N°) corps d'armée dan...

COMPOSITION DU CORPS D'ARMÉE.	NUMÉROS d'ordre du fractionne- ment.	FRACTIONS DE TROUPES.
État-major général........	1	Etat-major général du (N°) corps.
	2	Etat-major de la 1re division d'infanterie...................
	3	1er bataillon de chasseurs........
	4	1er de ligne. { 1er bataillon et état-major.............
	5	2e ....
1re division d'infanterie...	6	3e ....
		2e de ligne.
		3e de ligne.
		4e de ligne.
2e division d'infanterie....		
Brigade de cavalerie......		
Artillerie...............		
Trains et services administratifs.............		

TION DU MOUVEMENT.

sa concentration sur (X).

Exécution de l'art. 72 du Règlement général pour les transports militaires par chemins de fer.

———

N° 132 de la nomenclature des imprimés du ministère de la guerre.

EFFECTIFS.				TONNAGE approximatif du matériel.	EMPLACEMENT des troupes.	DATE à laquelle la troupe peut être mise en route.	OBSERVATIONS.
Officiers.	Hommes.	Chevaux.	Voitures.				
49	63	82	16		A	1er mai.	
43	38	57	7		A	*idem.*	L'état-major de la 1re brigade marche avec le bataillon de chasseurs.
24	1000	49	9		B	*idem.*	
26	1000	46	9		A	*idem.*	
21	1000	40	7		A	*idem.*	
21	1000	40	7		C	*idem.*	
»	»	»	»			»	
»	»	»	»			»	
»	»	»	»			»	
»	»	»	»			»	
»	»	»	»			»	
»	»	»	»			»	
»	»	»	»			»	
»	»	»	»			»	
»	»	»	»			»	
»	»	»	»			»	
»	»	»	»			»	
»	»	»	»			»	

Fait à   , le   18   .

Le chef d'état-major général,

12.

Les ordres de mouvement préparés par la direction des chemins de fer de campagne et transmis au commandement indiquent pour chaque unité de transport :

Le lieu, le jour et l'heure de l'embarquement ;

Le lieu, le jour et l'heure de chaque halte :

Le lieu, le jour et l'heure du débarquement ;

Un officier de l'état-major est envoyé d'avance dans la gare où doit s'effectuer l'embarquement pour s'entendre avec les agents techniques désignés à cet effet sur les derniers détails d'exécution qui n'auront pu être prévus dans les ordres donnés. Cet officier n'a pas du reste à intervenir dans le service technique ni même dans les consignes militaires de l'intérieur de la gare autrement que pour les faire observer.

Les trains désignés pour emmener une agglomération de troupes en campagne se succédant généralement à des intervalles très rapprochés, il est de la plus haute importance que les opérations d'embarquement et de débarquement s'effectuent avec la plus grande célérité et que les abords des gares soient évacués aussitôt que possible.

On admet que le temps nécessaire à l'embarquement :

D'un bataillon est de une heure ;

D'un escadron, une heure et demie ;

D'une batterie ou d'un train de matériel, deux heures.

Lorsque les troupes débarquent, elles doivent être dirigées immédiatement sur leurs cantonnements respectifs ; si quelque cause s'oppose à ce qu'il en soit ainsi, par exemple si l'heure est trop avancée pour que la colonne puisse rejoindre son gîte avant la nuit close, elle doit gagner un terrain reconnu à l'avance dans le voisinage de la gare et désigné sous le nom de place de rassemblement. La troupe y campe ou bivouaque et en part au jour pour rejoindre son cantonnement.

Lorsqu'il y a lieu de faire mouvoir par les voies ferrées un détachement dont l'envoi n'avait pas été prévu dans les ordres généraux de transport, ou bien d'évacuer du théâtre des opérations sur l'intérieur des blessés, des prisonniers, du matériel, etc., les demandes relatives à tous ces mouvements doivent être adressées en temps opportun à la direction des chemins de fer de campagne. Ce sont les officiers attachés aux états-majors qui auront à les préparer et plus tard à en assurer l'exécution.

---

§ 2. — Installation des troupes en campagne.

Logement et cantonnement.

Considérations générales sur le stationnement.

Le repos est un besoin qui s'impose en raison directe du travail accompli ; le commandement se fera donc un devoir d'assurer à ses troupes, au milieu des fatigues de la guerre, tout le repos qu'il sera possible de leur accorder.

« Le mécanisme de la guerre, dit de Brack (1), se borne à deux choses, *se battre et dormir ;* user et réparer ses forces. Conserver l'équilibre indispensable de cette balance est la science. — Il faut plus d'habileté souvent pour rendre des forces à sa troupe que pour les user. — En présence de l'ennemi, la science du repos n'est donnée qu'à peu d'officiers. Nulle ne dénote un coup d'œil militaire plus sûr, plus prompt, plus habile, plus profond. — Asseoir son bivouac, c'est

---

(1) *Avant-postes et cavalerie légère.* Souvenirs, par F. de Brack, 1831.

prendre une position militaire, y bien dormir, puis s'y trouver à cheval complètement reposé, réparé, prêt à tout entreprendre lorsque l'ennemi vient attaquer, c'est connaître à fond son ennemi, c'est le savoir par cœur. Opposer des troupes rafraîchies à des soldats affaiblis par les privations et les fatigues, c'est prendre son ennemi du fort au faible, c'est mettre toutes les chances de la partie en sa faveur. »

« Cette appréciation, vraie au fond, est incomplète dans la forme, dit le général Lewal (1); de Brack oublie l'organisation, les marches, l'alimentation, les renseignements, parties non moins essentielles de la science de la guerre; mais son observation est d'une grande justesse en ce qu'il dit de l'extrême habileté nécessaire pour réparer les forces des troupes. — C'est la question capitale, en effet. Elle a une portée matérielle des plus considérables, et, en outre, elle se lie très intimement au maintien de la discipline, dont les liens se relâchent facilement quand les hommes sont surmenés ou exposés à trop de privations de tout genre. »

Les troupes en campagne, concentrées généralement en grandes masses sur un même point, sont *cantonnées, campées* ou au *bivouac*.

Le cantonnement est l'établissement des troupes dans les villes ou villages, sans y être casernées; le camp est l'installation des troupes pour un séjour de quelque durée sous de grandes tentes ou dans des baraques; le bivouac est l'installation improvisée, pour un temps généralement très court, des troupes en plein air ou sous des abris élevés en quelques instants à l'aide de matériaux trouvés sur le terrain même. Nous reviendrons du reste sur ces définitions.

---

(1) *Tactique de stationnement*, par le général Lewal.

Le repos est d'autant plus réparateur, son effet sur l'état physique et moral des troupes est d'autant plus grand qu'il aura été pris dans des conditions meilleures de salubrité et de tranquillité; cette considération a fait adopter aujourd'hui un système qui consiste à cantonner les troupes le plus souvent qu'on le peut, et à bivouaquer le plus rarement possible, mais chaque fois cependant qu'on ne peut cantonner. On ne campe que lorsqu'on a une opération d'une certaine durée à entreprendre sur un point où il est impossible de réunir toutes les troupes en cantonnement, comme par exemple s'il s'agit de l'investissement d'une place forte.

Du cantonnement.

Définition.—Le cantonnement des troupes en station ou en marche, dit la loi du 3 juillet 1877, est l'installation des hommes, des animaux et du matériel dans les maisons, établissements, écuries, bâtiments ou abris de toute nature appartenant soit aux particuliers, soit aux communes ou aux départements, soit à l'État, en utilisant dans la mesure du nécessaire la contenance des locaux, sous la réserve toutefois que les propriétaires ou détenteurs conservent toujours le logement qui leur est indispensable.

Avantages du cantonnement. — Les raisons qui ont fait préférer l'usage des cantonnements à celui des camps et proscrire presque complètement l'emploi de ces derniers dans les opérations des armées modernes sont nombreuses et concluantes.

« Par le mauvais temps, rien ne vaut un local fermé ou au moins couvert, dit le général Lewal (1). Les

---

(1) *Tactique de stationnement,* par le général Lewal.

hommes et les animaux y sont à l'abri des intempéries et surtout ne couchent pas sur la terre mouillée. Durant les grands froids, l'agglomération des hommes entretient la chaleur, et, dans ces conditions, le sommeil est calme et réparateur ; au réveil la fatigue a disparu, et les soldats sont dispos pour de nouvelles marches. Bien des maladies sont ainsi évitées et les effectifs se maintiennent. De là est venu ce dicton : La plus médiocre maison vaut mieux que la meilleure tente. L'expérience confirme pleinement cet adage, et, *à fortiori*, le moindre abri est préférable au bivouac en plein air. — La conservation des armes et des effets est excellente dans les lieux habités ; — en cantonnement les troupes sont bien dissimulées aux vues de l'ennemi, et s'il est possible de reconnaître qu'il y a du monde dans un centre habité, il est très difficile d'en apprécier l'espèce et le nombre. — Le cantonnement est surtout d'une grande utilité pour l'officier. Il peut lire, écrire, consulter des cartes, ce qui est assez difficile sous la tente et impossible au bivouac en cas de pluie. — Un des plus grands avantages du cantonnement est de favoriser l'alimentation sous tous les rapports. Les troupes peuvent toujours préparer leur subsistance sans que les feux éveillent l'attention de l'ennemi. La cuisson des aliments, faite à couvert, produit une nourriture beaucoup meilleure. On rencontre dans les maisons divers ustensiles indispensables et l'on peut réduire le nombre de ceux que portent les hommes. — Dans les écuries, granges ou hangars, les fourrages ne se perdent pas ; ils ne s'altèrent pas non plus par la boue, la pluie ou l'humidité, et les animaux ont ainsi une ration supérieure à celle dont ils jouissent au bivouac. — Les distributions sont plus promptes, elles s'effectuent à couvert et dans de meilleures conditions ; il n'y a point de longues corvées à faire pour aller les chercher, etc. — En dernier lieu, le cantonnement habituellement pratiqué dispense les hommes et les animaux de porter sans cesse une tente-abri et une demi-couverture. Leur charge est de beaucoup allégée, et c'est un avantage inestimable pour leur santé comme pour le développement des opérations. »

D'après l'instruction du 4 octobre 1875 on doit distinguer deux sortes de cantonnements, dit :

1° Le *cantonnement ordinaire*, que l'on prend lorsque la distance où se trouve l'ennemi permet qu'on ait toujours le temps de se concentrer et de se porter en avant pour aller prendre une position de combat sans rencontrer aucune difficulté ;

2° Le *cantonnement resserré*, que l'on occupe généralement pour un temps très court, dans le voisinage de l'ennemi ou lorsque les circonstances obligent à prendre des positions de concentration.

Densité du cantonnement. — La nature du cantonnement au point de vue de la densité dépend donc des circonstances dans lesquelles on se trouve ; nous ne nous occuperons ici que du cantonnement resserré qui est celui le plus fréquemment employé en campagne.

Le cantonnement resserré n'offre à proprement parler à l'homme que l'abri momentané, l'espace couvert suffisant pour déposer son fourniment, nettoyer ses armes, se reposer et manger. Dans ce genre de cantonnement, qui correspond au maximum du nombre d'hommes à cantonner, l'espace minimum nécessaire à un homme peut être évalué à un mètre de large sur deux mètres de long. On doit employer alors tous les locaux non absolument indispensables aux propriétaires ou détenteurs des bâtiments, et qui peuvent permettre de soustraire le soldat aux intempéries des saisons, tels que corridors, remises, granges, hangars, halles, etc., etc.

S'il est possible on assurera le logement des chevaux en même temps que celui des hommes, sinon les chevaux bivouaqueront. — On doit compter environ un mètre de largeur sur trois mètres de longueur pour l'emplacement nécessaire à un cheval ou mulet.

Capacité de cantonnement des localités. — La capacité de cantonnement d'une localité varie suivant qu'elle est *urbaine* ou *rurale*, industrielle ou agricole, riche ou pauvre, etc., etc.— Toutes proportions gardées, une ville offre beaucoup moins de ressources qu'un gros bourg; les pays agricoles renferment, pendant toute une partie de l'année au moins, des abris précieux dans les granges et dans les hangars où sont recueillies les récoltes après la moisson. L'expérience a permis de constater que dans les contrées agricoles on pouvait facilement cantonner 5 ou 6 hommes par habitant, tandis qu'on n'en pouvait cantonner que trois ou quatre dans les régions entièrement industrielles.

On peut admettre d'une manière générale que le cantonnement des différentes parties constitutives d'un corps d'armée exige les chiffres de population ci-après.

	Habitants.		Habit.
Quartier général..............	200	soit pour un corps d'armée.	200
Quartier général d'une division.	80	— —	160
— d'une brigade.	20	— —	80
1 bataillon de chasseurs	200	— —	200
1 régiment d'infanterie	600	— —	4,800
2 batteries divisionnaires......	240	— —	840
Ambulance divisionnaire.......	130	— —	260
Section du génie divisionnaire..	30	— —	60
Convoi divisionnaire..........	300	— —	600
Artillerie de corps. { 2 batt. à cheval. 260 — 2 sect. de munitions d'artiller. 300 — 6 batt. montées. 630 }	1,200	—	1,200

À reporter, ... 8,400

	Habitants.			Habit.
		Report.		8,400
Parc du génie................	400	Pour un corps d'armée.		400
1 section de munitions d'artillerie	450	—	—	300
1 sect. de munitions d'infanterie	400	—	—	200
2ᵉ échelon du parc d'artillerie..	360	—	—	360
Convoi.....................	300	—	—	300
Ambulance	430	—	—	430
Parc télégraphique...........	20	—	—	20

Soit pour un corps d'armée environ... 40,000

Choix des cantonnements. — Tout en cherchant à donner aux troupes des cantonnements étendus, pour assurer aux hommes des abris aussi confortables que possible, il importe, en faisant le choix des cantonnements, de veiller à ce que les différents corps ou fractions de corps y soient établis de manière à pouvoir prendre rapidement leurs formations de marche ou de combat. — En cantonnement ordinaire, la zone des cantonnements occupés par un corps d'armée doit être telle qu'il puisse se rassembler en une demi-journée. —Pour cantonner, une troupe s'étend ordinairement dans le sens du front de déploiement; dans une série marches continues, il est avantageux de placer les les divers éléments des colonnes les uns derrière les autres, dans l'ordre de marche, et à peu de distance de la route à suivre.

« Tant que les hostilités ne seront pas sur le point de commencer, dit le général de Schellendorff (1), on donnera les dimensions les plus vastes possibles au rayon de cantonnement qu'on resserrera peu de temps avant le commencement des hostilités, de façon à ce que l'on puisse facilement concentrer, pour entamer les opérations, les troupes qu'on y a cantonnées. Quand

---

(1) *Le Service d'état-major*, par le général Bronsart von Schellendorff, traduction du capitaine Weil.

on cantonnera plusieurs corps d'armée les uns auprès
des autres, on devra en général les disposer les uns
à côté des autres, en donnant au front une largeur
minime et en augmentant l'étendue du rayon dans le
sens de la profondeur, plutôt que de les placer les uns
à côté des autres et les uns derrière les autres, en
donnant au front et à la profondeur des dimensions
égales. »

Répartition des cantonnements. — Le général en chef
fixe les limites générales dans lesquelles chaque corps
d'armée doit cantonner. Chaque commandant de corps
d'armée répartit la portion de territoire qui lui a été
ainsi assignée entre les troupes qui entrent dans la
composition de ce corps d'armée. Il fixe en même
temps la composition et l'emplacement des avant-postes, leur répartition entre les divisions ou brigades ;
il détermine les places de rassemblement en cas de
prise d'armes ; fait connaître l'emplacement de son
quartier général avec le grand quartier général, qui
sera choisi de telle sorte qu'il puisse communiquer
rapidement avec le grand quartier général et y recevoir en peu de temps des nouvelles de la ligne des
avant-postes ainsi que des divisions et des brigades ;
des postes de correspondances ou des fils télégraphiques sont rapidement établis pour relier le quartier
général de corps d'armée avec les différents éléments
de ce corps d'armée.

Les généraux divisionnaires et les généraux de brigade procèdent d'une façon analogue.

Pour l'établissement des ordres de cantonnement de
division et de corps d'armée, on peut se servir utilement des tableaux ci-après :

TABLEAUX DE CANTONNEMENTS

DE DIVISION ET DE CORPS D'ARMÉE.

* ARMÉE.

* CORPS D'ARMÉE.

Tableau des cantonnements à occuper par la * *Division à la date du* 18 .

DÉSIGNATION DES CORPS.	EFFECTIFS.			NOMS		NOMBRE des habitants.	OBSERVATIONS.
	Officiers.	Troupe.	Chevaux	Des localités occupées.	Du canton et de l'arrondisse-ment.		
Etat-major de la * division...............							
* Brigade d'infanterie (Etat-major)....							
* Régiment d'infanterie.							
* Régiment d'infanterie.							
* Brigade d'infanterie (Etat-major).							

Cantonnement d (1).

(1)

Cantonnement (1)						
* Régiment d'infanterie.						
* Régiment d'infanterie.						
Batteries divisionnaires						
Section de munitions d'artillerie (2)						
Section de munitions d'infanterie (2)						
Section du génie divisionnaire						
Ambulance divisionnaire						
Convoi divisionnaire						
TOTAUX						

(1) Indiquer la position de cantonnement par les mots : Est, Nord, Ouest ou Sud.
(2) Dans le cas où la section marcherait avec une division isolée.

° ARMÉE.

___

° CORPS D'ARMÉE.

___

Tableau des cantonnements à occuper par le ° *Corps d'armée à la date du*   18 .

DÉSIGNATION DES CORPS.	EFFECTIFS.			NOMS		NOMBRE des habitants.	OBSERVATIONS.
	Officiers.	Troupe.	Chevaux.	des localités occupées.	Du canton et de l'arrondissement.		
Quartier général du ° corps d'armée......							
° Division d'infanterie (État-major)..							
Troupes et services..........							
° Division d'infanterie (État-major)...							

Cantonnement d (1).

Cantonnement						
Troupes et services...............						
* Bataillon de chasseurs............						
Artillerie de corps.................						
Parc d'artillerie. { 1er échelon........... / 2e échelon............						
Equipage de pont.................						
Réserve et Parc du génie............						
Ambulance du quartier général...........						
Convoi administratif des subsistances du quartier général............						
Réserve d'effets d'habillement et de petit équipement...............						
Brigade de cavalerie...............						
Batterie à cheval...............						
Totaux.....						

(1) Indiquer la position du cantonnement par les mots : Est, Ouest, Nord ou Sud.

Personnel d'installation. — Le personnel chargé de la préparation de l'installation des cantonnements, camps ou bivouacs comprend :

Pour un corps d'armée :

Le chef ou sous-chef d'état-major général ou un officier spécialement désigné à cet effet, chef du personnel d'installation *ou logement*, agissant en vertu des instructions du général en chef et des pouvoirs qu'il lui a délégués. Cet officier supérieur est accompagné par quelques officiers de l'état-major général du corps d'armée ;

Les chefs ou sous-chefs des états-majors divisionnaires, les chefs des différents états-majors de l'artillerie et du génie, ou un officier attaché à chacun de ces états-majors ;

Un officier d'état-major ou un officier d'ordonnance par brigade ;

Un représentant de chacun des services du corps d'armée ;

Pour chaque régiment d'infanterie, un adjudant-major et un adjudant, plus un fourrier et quatre hommes par compagnie ;

Pour chaque régiment de cavalerie, un adjudant-major et un adjudant, plus un fourrier et deux hommes par escadron ;

Pour chaque groupe d'artillerie, un officier, un adjudant, plus, par batterie, un fourrier et un canonnier.

Le personnel à cheval se forme en un seul groupe et marche sous la protection de l'avant-garde de cavalerie ; le personnel à pied marche généralement formé également en un seul groupe à la queue de l'avant-garde du corps d'armée ou de la division.

Quelquefois une troupe de cavalerie est spécialement affectée à l'escorte du personnel d'installation.—

Quelquefois aussi le personnel à cheval emmène avec lui un petit détachement de sapeurs ou d'ouvriers d'art, montés dans des voitures de réquisition, et destinés à exécuter les travaux les plus urgents.

Rôle du personnel d'installation. — « Tout chef d'unité, commandant de corps d'armée, de division, de brigade, de régiment, de bataillon, de service, etc., donne aux membres du personnel d'installation qui le représentent, dit le général Lewal (1), des ordres permanents ou spéciaux relativement à la manière dont il entend disposer sa troupe en station, l'ordre à observer, les groupements à rechercher, les mesures de police à prescrire, les précautions à prendre ; en un mot, des instructions formelles sur tout ce qui a rapport à la discipline propre de l'unité. — Tout commandant de colonne, après s'être pénétré des ordres supérieurs, avoir bien étudié sa carte et examiné les renseignements provenant de l'avant-garde de cavalerie ou des habitants, indique le lieu où il veut asseoir son bivouac ou les cantonnements qu'il désire occuper. S'il y a doute, il indique, par ordre de préférence, deux ou trois solutions possibles. Il fixe la zone des positions de combat, les points principaux à fortifier, le réseau général des avant-postes à établir, les relations à entretenir ; les réquisitions à frapper, les distributions à faire, etc. Il détermine, en résumé, les conditions fondamentales et essentielles du stationnement, celles qui s'appliquent, non plus à un élément, mais à l'ensemble. — Chaque membre du personnel d'installation est ainsi porteur d'instructions aussi détaillées que possible, émanant de son chef direct, et il doit les adapter au terrain,

---

(1) *Tactique de stationnement*, par le général Lewal.

13.

selon les possibilités qu'il rencontre et les instructions supérieures qui lui sont notifiées sur place. — Dans la situation où se trouve le mandataire, il est obligé d'agir, car le temps presse. Il n'a pas le loisir de consulter son chef et il est forcé de prendre sur lui une dérogation imposée par les événements à ses instructions. Connaissant bien la pensée de son chef et le but qu'il se proposait, il devra s'éloigner le moins possible des ordres primitifs, et, s'il y a lieu de les modifier, il n'abandonnera jamais le but indiqué. C'est une question d'intelligence, de dévouement et de responsabilité personnelle à l'égard de son chef. »

Le chef du personnel d'installation du corps d'armée fait la répartition générale des cantonnements entre les divisions et les services. Les chefs des personnels d'installation de chaque division examinent rapidement et cependant aussi en détail que possible le parti qu'ils peuvent tirer du terrain qui leur est affecté et de ses abords; ils décident d'urgence les travaux qu'il y a à faire pour le mettre en état; ils déterminent l'effectif et l'emplacement des grand'gardes, ainsi que la manière de les relier entre elles et avec celles des divisions voisines; ils fixent le service spécial à fournir par chaque brigade, établissent les consignes, font connaître les lieux et les heures des distributions, le mode d'alimentation adopté, etc., etc.

Les officiers du personnel d'installation des brigades ou des différents services se conforment à toutes les prescriptions qui leur sont données par les chefs du personnel d'installation de chaque division, et prennent ensuite toutes les mesures de détail nécessaires pour l'installation des éléments qu'ils représentent. Ils veillent notamment à ce qu'un point de rassemblement, d'accès facile, soit attribué à chaque fraction constituée, compagnie, escadron ou batterie; que chacune de ces fractions soit groupée dans un même lot d'habitations, à proximité de sa place de rassemblement et de telle façon qu'elle ne puisse, en s'y rendant, gêner les mouvements des autres troupes ou être arrêtée par elles.

Les noms et grades des officiers sont indiqués sur la porte des maisons qu'ils habitent. Le nombre d'hommes et de chevaux cantonnés dans chaque habitation, ainsi que la désignation du régiment, du bataillon, de la compagnie, de l'escadron ou de la batterie auxquels ils appartiennent sont également écrits sur la façade de cette habitation.

Au coin des rues doit être placardée, d'une manière très apparente, l'indication des fractions de troupe occupant ces rues; des flèches font connaître la direction des lieux de distribution ou de rassemblement, du logement du commandant du cantonnement, etc.

On place sur le portail des églises et des édifices publics ainsi que sur la façade des maisons qui se trouvent à l'entrée de la ville ou du village, des placards indiquant le logement du commandant du cantonnement, des différents officiers généraux, chefs de corps ou chefs de service, l'emplacement du poste de police, du poste de correspondance, du bureau télégraphique, de l'ambulance, des magasins.

A l'entrée de chaque route on indique le nom du lieu où elle conduit et la distance à laquelle il se trouve.

Installation des troupes dans les cantonnements. — Les troupes ne pénètrent dans les cantonnements qui leur sont assignés que lorsque le chef du personnel d'installation a fait connaître que toutes les mesures étaient prises pour leur réception.

Les corps sont alors dirigés, d'après l'ordre du commandant de la colonne, sur les quartiers qui leur sont assignés, chaque fourrier servant de guide au groupe auquel il appartient.

Les gardes de police prennent possession des postes préparés pour elles et y enferment les prisonniers dont elles peuvent avoir la garde.

Les quartiers généraux, établis autant que possible au centre des cantonnements, sur les grandes voies de communication et généralement dans un édifice public, arborent le fanion du commandement. La nuit, ils sont reconnaissables par la lanterne à couleur distinctive.

Les ambulances font hisser immédiatement leurs drapeaux bien en évidence et font allumer, la nuit, les lanternes rouges qui leur sont attribuées par les conventions internationales.

Le commandement d'un cantonnement appartient au chef de la troupe qui l'occupe. Si différents corps de troupe se trouvent réunis dans une même localité, le commandement du cantonnement revient à l'officier le plus élevé en grade, ou, à parité de grade, à l'officier le plus ancien dans le grade le plus élevé. Chaque corps de troupe met à sa disposition un officier ou sous-officier chargé de prendre ses ordres, en cas d'alerte.

Des réquisitions.

Nous avons dit plus haut que la surveillance de tout ce qui se rattachait aux réquisitions ou à la préparation des distributions incombait à l'état-major du corps d'armée ou des divisions. L'état-major transmet à l'administration toutes les indications nécessaires pour les faire opérer, suivant les instructions du général en chef. Il donne en son nom des ordres aux municipalités et en assure même, au besoin, l'exécution par la force.

De l'exercice du droit de réquisition. — La loi du 3 juillet 1877 a déterminé les conditions générales dans lesquelles s'exerce le droit de réquisition sur le territoire national, en cas de mobilisation partielle ou totale de l'armée ou de rassemblement de troupes ; le décret du 2 août 1877, portant règlement d'administration publique, détermine les conditions d'exécution de cette loi en ce qui concerne la désignation des autorités ayant qualité pour ordonner ou exercer les réquisitions, la forme de ces réquisitions et les limites dans lesquelles elles pourront être faites.

En cas de mobilisation totale ou partielle de l'armée ou de rassemblement de troupes, pour quelque cause que ce soit, le Ministre de la guerre détermine l'époque où pourra commencer et celle où devra se terminer l'exercice du droit de réquisition, ainsi que les portions du territoire où ce droit pourra être exercé. Les arrêtés du Ministre à ce sujet sont publiés dans toutes les communes intéressées.

En cas de mobilisation, la fourniture de toutes les prestations nécessaires à l'armée est exigible par voie de réquisition, notamment :

1° Le logement et le cantonnement ;

2° La nourriture journalière des officiers et soldats, conformément à l'usage du pays ;

3° Les vivres, le chauffage, les fourrages, la paille de couchage ;

4° Les moyens d'attelage et de transport de toute nature, y compris le personnel ;

5° Les bateaux ou embarcations qui se trouvent sur les fleuves, rivières, lacs et canaux ;

6° Les moulins et les fours ;

7° Les matériaux, outils, machines et appareils nécessaires pour l'exécution des travaux militaires ;

8° Les guides, les messagers, les conducteurs, ainsi que les ouvriers pour tous les travaux que les différents services de l'armée ont à exécuter;

9° Le traitement des malades ou blessés chez l'habitant;

10° Les objets d'habillement, d'équipement, de campement, de harnachement, d'armement et de couchage, les médicaments et moyens de pansement, etc.

Hors le cas de mobilisation, le droit de réquisition se réduit au logement et au cantonnement, à la nourriture, aux vivres et fourrages nécessaires pour les besoins de l'armée. Les moyens d'attelage et de transport, bateaux et embarcations, etc., dont il est question ci-dessus, ne peuvent être requis, hors le cas de mobilisation, que pour une durée maximum de vingt-quatre heures.

Toute réquisition doit être adressée à la commune; elle est notifiée au maire. Toutefois, dit l'art. 19 de la loi du 3 juillet 1877, si aucun membre de la municipalité ne se trouve au siège de la commune, ou si une réquisition urgente est nécessaire sur un point éloigné du siège de la commune et qu'il soit impossible de la notifier régulièrement, la réquisition peut être adressée directement par l'autorité militaire aux habitants.

Dans le cas de refus de la municipalité (art. 21), le maire, ou celui qui en fait fonctions, peut être condamné à une amende de 25 à 500 francs. Si le fait provient du mauvais vouloir des habitants, le service des réquisitions est assuré au besoin par la force. — En temps de guerre, quiconque abandonne le service pour lequel il est requis, est traduit devant le conseil de guerre, et peut être condamné à la peine de l'emprisonnement de six jours à cinq ans, dans les termes de l'art. 194 du Code de justice militaire.

Les ordres de réquisition sont détachés d'un carnet

à souche qui est remis à cet effet entre les mains des officiers appelés à exercer les réquisitions. — Il est toujours donné reçu des réquisitions ou prestations fournies. — L'officier chargé de requérir doit, immédiatement après avoir accompli sa mission, remettre son carnet d'ordres de réquisition à son chef de corps ou de service qui le fait parvenir à la commission chargée du règlement des indemnités.

Si le maire déclare que les quantités requises excèdent les ressources de la commune, il doit d'abord livrer toutes les prestations qu'il lui est possible de fournir. L'autorité militaire peut toujours, dans ce cas, faire procéder à des vérifications. Lorsque celle-ci trouve des denrées qui ont été indûment refusées, elle s'en empare, même par la force, et signale le fait à l'autorité judiciaire (Art. 37 du décret du 2 août 1877).

Ne sont pas considérés comme prestations disponibles ou comme fournitures susceptibles d'être réquisitionnées :

1° Les vivres destinés à l'alimentation d'une famille et ne dépassant pas sa consommation pendant trois jours;

2° Les grains ou autres denrées alimentaires qui se trouvent dans un établissement agricole, industriel ou autre et ne dépassent pas la consommation de huit jours ;

3° Les fourrages qui se trouvent chez un cultivateur et ne dépassent pas la consommation de ses bestiaux pendant quinze jours (Art. 38, *id.*).

Lorsque le maire reçoit une réquisition, il convoque, sauf le cas d'extrême urgence, deux des membres du conseil municipal et deux des plus imposés dans l'ordre du tableau, en laissant de côté ceux qui habitent loin du centre de la commune.

Quel que soit le nombre des personnes qui répondent à la convocation du maire, celui-ci procède, seul ou avec les membres présents, à la répartition des réquisitions, et ses décisions sont exécutoires sans appel (Art. 39, *id.*).

S'il y a lieu de requérir la prestation d'un habitant absent et non représenté, le maire peut, au besoin, faire ouvrir la porte de vive force et faire procéder d'office à la livraison des fournitures requises.

Dans ce cas, il requiert deux témoins d'assister à l'ouverture et à la fermeture des locaux, ainsi qu'à l'enlèvement des objets ; il dresse un procès-verbal de ces opérations (Art. 40, *id.*).

Le maire fait procéder, en sa présence ou en présence d'un délégué, à la remise aux parties prenantes des fournitures requises et s'en fait donner reçu.

Il tient registre des prestations fournies par chaque habitant, il délivre des reçus aux prestataires (Art. 41, *id.*).

Si une personne requise d'un service personnel abandonne son poste, l'officier qui constate cet abandon prévient immédiatement le procureur de la République du domicile du délinquant, en lui faisant connaître le nom de ce dernier et son domicile. Dans le cas de guerre, la plainte est adressée à l'autorité militaire compétente (Art. 42, *id.*).

Un état de tous les logements, établissements, écuries, etc., qui peuvent être employés pour le logement ou le cantonnement des troupes, est dressé par le soin des municipalités. — Cet état est revisé par l'autorité militaire à certaines époques fixées par le Ministre de la guerre.

Les officiers appelés à requérir le logement ou le cantonnement doivent consulter cet état et ne réclamer dans chaque commune le logement ou le cantonne-

ment que pour un nombre d'hommes et d'animaux inférieur ou, au plus, égal à celui qui est indiqué par
lesdits tableaux.

Lorsque les troupes sont logées chez l'habitant, et
que celui-ci est requis de leur fournir la nourriture, il
ne peut être exigé une nourriture supérieure à l'ordinaire de l'individu requis (Art. 12 du décret 2 août
1877).

L'officier commandant un détachement qui réquisi-
tionne dans une commune des fournitures en vivres,
denrées ou fourrages, doit mentionner sur la réquisition la quantité de rations requises et la quotité de la
ration réglementaire (Art. 13, *id.*).

Quand il y a lieu de requérir des chevaux, voitures
ou harnais pour des transports qui doivent amener un
déplacement de plus de cinq jours avant le retour des
chevaux, voitures, etc., il est procédé, avant la prise
de possession, à une estimation contradictoire faite par
l'officier requérant et le maire (Art. 14, *id.*).

Toutes les fois qu'il est fait une réquisition d'outils,
matériaux, machines, bateaux, embarcations en dehors des eaux maritimes, etc., pour une durée de plus
de huit jours, il est procédé, avant l'enlèvement desdits
objets, à une estimation faite contradictoirement par
l'officier requérant et le maire de la commune. S'il est,
plus tard, restitué tout ou partie desdits objets, procès-
verbal est dressé de cette restitution, ainsi que des dé-
tériorations subies, et mention en est faite sur le reçu
primitivement délivré, auquel le procès-verbal est annexé.

Si la réquisition de moulins a pour objet d'en attri-
buer temporairement à l'autorité militaire l'usage ex-
clusif, il est procédé, avant et après la prise de possession, à une constatation sommaire par l'officier

requérant et le maire de la commune (Art. 18, *id.*).

Les chefs de détachements qui requièrent des guides ou conducteurs pour accompagner les troupes doivent pourvoir à leur nourriture, ainsi qu'à celle des chevaux, comme s'ils faisaient partie de leur détachement, pendant toute la durée de la réquisition (Art. 19, *id.*).

Les guides, les messagers, les conducteurs et les ouvriers qui sont l'objet de réquisitions reçoivent, à l'expiration de leur mission, un certificat qui en constate l'exécution et qui est délivré: pour les guides, par les commandants de détachements; pour les messagers, par les destinataires; pour les conducteurs, par les chefs de convois, et pour les ouvriers, par les chefs de service compétents (Art. 20, *id.*).

Lorsqu'il y a lieu de requérir le traitement de malades ou blessés, les maires fournissent des locaux spéciaux pour le traitement desdits malades ou blessés, et, à défaut de locaux spéciaux, les répartissent chez les habitants; mais s'il s'agit de maladies contagieuses, ils doivent pourvoir aux soins à donner dans des bâtiments où les malades puissent être séparés de la population et qui, au besoin, sont requis à cet effet.

En cas d'extrême urgence, et seulement sur des points éloignés du centre de la commune l'autorité militaire peut requérir directement des habitants le soin des malades ou blessés; mais cette réquisition, faite directement, ne peut jamais s'appliquer à des malades atteints de maladies contagieuses (Art. 21, *id.*).

Si des communes ou des habitants sont requis de recevoir des malades ou des blessés, et si ces derniers ne peuvent pas être soignés par les médecins de l'armée, les visites des médecins civils peuvent donner droit à une indemnité spéciale.

Cette indemnité est fixée par la commission d'évaluation, sur la note du médecin, certifiée par l'habitant qui a logé le malade ou le blessé, ou, si faire se peut, par ce dernier lui-même, et visée par le maire de la commune (Art. 22, *id.*).

Des bivouacs et des camps.

Le bivouac, avons-nous dit, est une installation *du moment*; point d'habitations, de baraques ou de tentes pour abriter les troupes, tout au plus de légers appentis, en planche ou en clayonnage, fabriqués sur place pour se protéger contre la pluie et le vent, et si la température l'exige de grands feux autour desquels les hommes se couchent pour dormir. L'installation au bivouac est la plus rapide et la plus facile de toutes les installations en campagne; elle permet le groupement régulier des troupes et services, elle offre une grande commodité pour la transmission des ordres et pour le service des distributions, en cas de prise d'armes enfin, elle donne les moyens d'agir avec une promptitude qu'on ne saurait trouver dans le cantonnement. A proximité de l'ennemi le bivouac devra donc être souvent employé, mais ce ne sera jamais que pour un temps aussi court que possible, et le cantonnement devra être préféré dès que les circonstances le permettront.

Bien que le bivouac soit assez pénible pendant les temps de pluie ou les saisons rigoureuses, presque tous les auteurs militaires tombent d'accord aujourd'hui pour reconnaître que, comme moyen *passager* de repos, il est préférable au campement pour une nuit, et l'établissement des camps en tentes est maintenant proscrit des installations de campagne, sauf dans quelques cas spéciaux.

En effet, sans parler des camps de grandes tentes et des *impedimenta* immenses qu'il faudrait pour les transporter à la suite des armées modernes, l'expérience a démontré que si la petite tente-abri pouvait avoir de grands avantages pour une installation de quelque durée dans les contrées du midi, il n'en était plus de même pour les installations momentanées sur les terrains humides et froids des régions du nord.

Si le bivouac expose un peu plus que la petite tente le soldat aux intempéries, il lui permet au moins de se coucher sur une terre séchée par le feu, chose impossible sous la tente où le froid se fait vivement sentir, où l'humidité se conserve, où l'air se corrompt bientôt par la respiration des hommes qui y sont entassés. « De plus, dit Napoléon (1), les tentes sont un objet d'observation pour l'état-major ennemi (et cette réflexion peut s'appliquer aussi bien à la grande tente qu'à la tente-abri); elles lui donnent des renseignements sur votre nombre et sur la position que vous occupez. Mais une armée rangée sur deux ou trois lignes de bivouac ne laisse apercevoir au loin qu'une fumée que l'ennemi confond avec les brouillards de l'atmosphère; il est impossible de compter les feux.

« La moitié de l'année, la tente-abri est funeste aux armées dans toute l'Europe à peu près, dit le général Lewal (2). L'expérience, les hommes pratiques, les hygiénistes s'accordent à en condamner l'emploi. — Dans l'autre moitié de l'année, elle présente encore un certain nombre d'inconvénients. Elle est assez longue à établir, surtout quand le vent est fort ou le sol détrempé. On est obligé de préparer la place, de plus les piquets se perdent, les cordes cassent; on est contraint de chercher, à grande distance parfois, des piquets de remplacement ou des pierres pour maintenir la toile. Tout cela constitue une perte de temps assez forte et une dose de fatigue considérable pour des hommes

---

(1) Maximes de Napoléon Ier.
(2) *Tactique de stationnement*, par le général Lewal.

qui marchent ou se battent chaque jour. De même au moment d'une attaque ou d'un départ, il est nécessaire d'abattre les tentes, de les rouler, de les fixer sur le sac, et il s'ensuit un retard assez grand dans la mise en route. Ce retard peut avoir des conséquences fort regrettables en cas d'alerte ou de surprise. Les hommes renfermés et serrés dans la tente-abri ne peuvent courir aux armes inopinément. »

Choix d'un bivouac (1). — Toutes les fois que la proximité de l'ennemi ou des circonstances particulières n'obligent pas à prendre une position déterminée, les bivouacs sont établis de préférence sur des terrains secs, abrités et à portée des ressources en vivres et en fourrages. On doit autant que possible rechercher une position qui, tout en présentant un accès difficile à l'ennemi, permette à la troupe bivouaquée la libre exécution de ses mouvements.

Les règles générales pour l'établissement des troupes dans les bivouacs sont les mêmes que celles prescrites pour l'établissement dans les cantonnements. Nous donnons ci-après les principales dispositions de détail relatives à chaque arme.

Établissement de l'infanterie au bivouac. — La disposition d'une troupe au bivouac étant subordonnée à l'étendue et à la forme du terrain en même temps qu'aux exigences stratégiques, il est nécessaire que cette troupe puisse bivouaquer selon le cas en colonne ou en ligne.

1° *Bivouac du bataillon en colonne* (front 136 mètres, profondeur 136 mètres). — « Le bataillon étant en colonne double, ou colonne de demi-bataillons accolés, par colonnes de compagnie à quatre sections, le chef

---

(1) Instructions des 17 février et 4 octobre 1875 et du 17 mars 1879.

de bataillon fait prendre, entre les compagnies de tête et celles de guerre, une distance de 20 mètres, et entre les sections de chaque compagnie 9 mètres. — On forme ensuite les faisceaux et les compagnies déboîtent, celles de droite faisant un à-droite et celle de gauche un à-gauche. Elles se portent ainsi à 6 mètres en dehors des faisceaux et font front. Les abris ou les feux de bivouac sont établis sur une longueur égale au double du front d'une section, dans le prolongement des faisceaux et dans le sens de la profondeur. La figure ci-après donne la formation *normale* d'un bivouac de bataillon en colonne double, l'état-major du régiment étant supposé bivouaquer avec ledit bataillon.

Dans cette figure ainsi que dans les figures suivantes les rectangles indiquent l'emplacement des feux de bivouac et des abris.

Bivouac d'un bataillon en colonne double
(avec l'état-major du régiment).

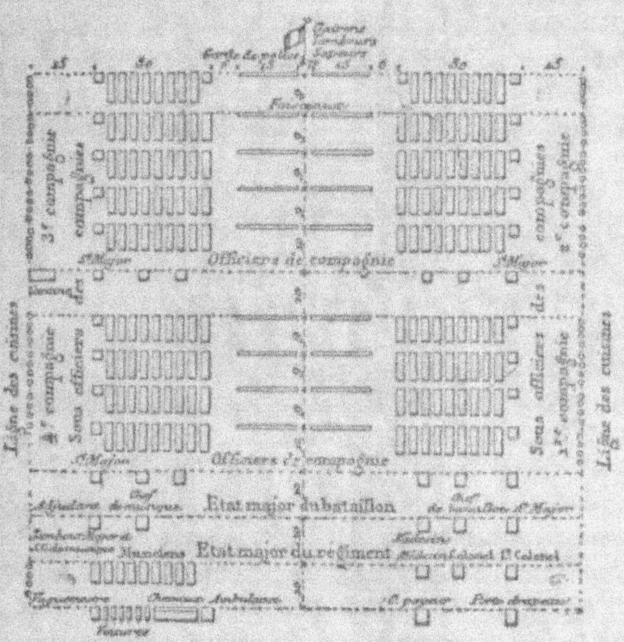

2° *Bivouac du bataillon en ligne* (front 350 mètres, profondeur 80 mètres). — Le chef de bataillon fait prendre un intervalle de double front de section entre les deuxième et troisième compagnies, et fait porter dans cet intervalle la garde de police à la droite de la troisième compagnie, et les tambours, clairons et sapeurs-ouvriers d'art (le cas échéant) à la gauche de la deuxième. — On forme ensuite les faisceaux, et les compagnies, reculant de 6 mètres, établissent leurs abris et leurs feux de bivouac sur deux lignes dans le sens de la profondeur. La figure ci-après fait voir la *formation normale* du bivouac d'un bataillon en ligne.

Bivouac d'un bataillon en ligne.

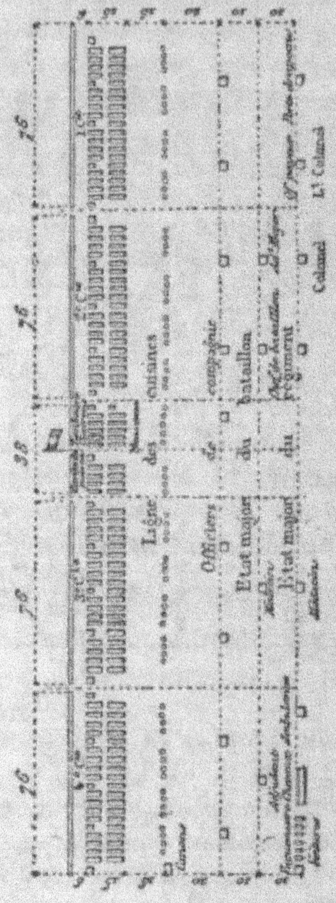

Dans le cas où plusieurs bataillons sont réunis on laisse 20 mètres d'intervalle ou de distance entre chaque bataillon. — Pour les trois bataillons d'un régiment on aurait ainsi un espace, pour la formation en colonne, de 450 mètres sur 136 mètres si les bataillons sont placés sur la même ligne, et de 136 mètres de

front sur 450 mètres de profondeur si les bataillons
sont placés les uns derrière les autres ; pour la formation en ligne, de 1090 mètres de front sur 80 mètres de
profondeur si les bataillons sont en ligne et de 350 mètres sur 280 mètres s'ils sont les uns derrière les
autres.

Lorsque la brigade est réunie, on laisse 30 mètres
d'intervalle ou de distance entre les régiments.

Etablissement de la cavalerie au bivouac. — La cavalerie au bivouac peut prendre deux formations distinctes, l'ordre en colonne par escadron, et l'ordre en
bataille.

1° *Bivouac en colonne par escadron* (front 170 mètres,
profondeur 135 mètres). — Le régiment étant formé
en colonne par escadron, dit l'instruction du 17 février 1875, le colonel fait prendre la demi-distance
(30 mètres), arrêter la colonne, et porter les premiers
rangs à 15 mètres en avant, les cavaliers prenant de
l'aisance dans les rangs afin de réserver les places nécessaires pour les chevaux des officiers, des serre-files
et des trompettes. Il fait ensuite mettre pied à terre ;
le quart des hommes est désigné pour tenir les chevaux. — Les carabines sont mises en faisceaux à
5 mètres en arrière de chaque rangée de chevaux ; les
sabres, auxquels on suspendra la bride, sont plantés
en terre ; la giberne et la coiffure sont placés sur le
sabre, contre lequel on appuie la cuirasse. — Aussitôt
qu'ils ont quitté leurs armes, les cavaliers plantent les
piquets et attachent les chevaux, puis les débrident,
les dessanglent légèrement et débouclent les poitrails.
— Quand il est permis de desseller, on ne le fait
qu'une heure au moins après l'arrivée. Les selles restent paquetées ; elles sont placées auprès des faisceaux,
la couverture pliée et posée sur la selle. — Les cuisi-

nes et les feux sont établis par rangées de deux à 20 mètres sur la gauche de chaque escadron; les hommes se construisent des abris autour des feux, s'il est possible.

La figure ci-après donne la formation *normale* du bivouac d'un régiment de cavalerie en colonne par escadrons.

Bivouac de régiment de cavalerie en colonne par escadrons.

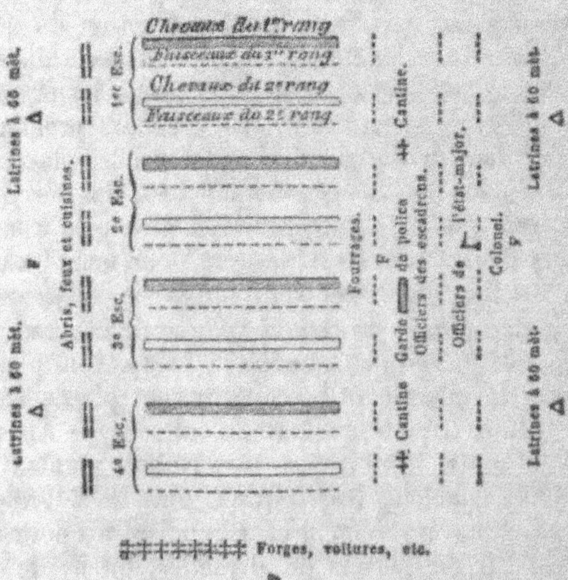

2° *Bivouac du régiment de cavalerie en bataille* (front 476 mètres, profondeur 85 mètres). — Le régiment étant en bataille, le commandant de la colonne fait augmenter les intervalles entre les escadrons, afin de réserver les places nécessaires pour les chevaux des officiers, des serre-files et des trompettes. On procède ensuite d'une façon analogue à ce qui a été dit ci-dessus pour la formation du bivouac en colonne par escadron, avec cette différence, cependant, que les cuisines et abris, au lieu d'être placés sur la gauche des escadrons, sont établis en ligne à 20 mètres en avant du premier rang de chevaux.

La figure ci-après donne la formation normale du bivouac d'un régiment de cavalerie en bataille.

Bivouac d'un régiment de cavalerie en bataille.

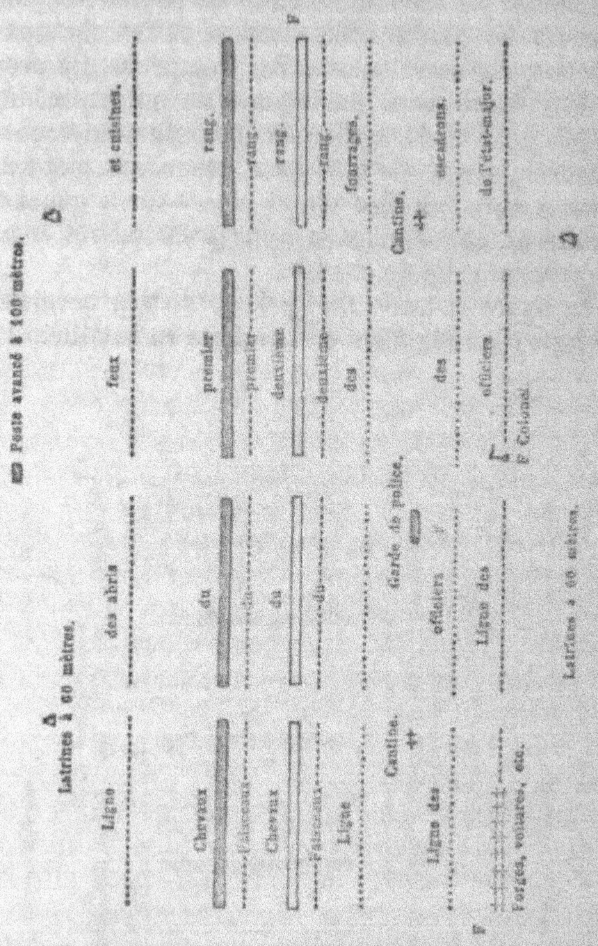

Dans le cas où une brigade de cavalerie est réunie sur le même terrain, on laisse 24 mètres d'intervalle et 45 mètres de distance entre les régiments.

Dans la formation en colonne par escadrons, la brigade occupe ainsi un espace de 385 mètres de front

sur 135 de profondeur, si les deux régiments sont placés sur une seule ligne, et de 170 mètres de front sur
315 mètres de profondeur, si les deux régiments sont
placés l'un derrière l'autre.

Dans la formation en bataille, la brigade occupe un
espace de 976 mètres de front sur 135 mètres de profondeur si les régiments sont placés sur une même ligne,
et de 476 mètres de front et 215 mètres profondeur si
les deux régiments sont placés l'un derrière l'autre.

Établissement de l'artillerie au bivouac. — Lorsque
la batterie doit s'établir au bivouac, elle forme le
parc sur trois lignes : la première ligne, composée des
pièces est formée sur le front de bandière ; la deuxième
ligne, composée de six caissons, se place à 3 mètres en
arrière de la première, mesure prise de la tête des
chevaux de devant des caissons à la bouche des pièces ;
la troisième ligne, composée des trois autres caissons,
de la forge, du chariot fourragère et du chariot de
batterie, s'établit également à 3 mètres en arrière de la
seconde ligne. Les voitures doivent avoir entre elles
un intervalle de 3 mètres. — Les servants se forment
à la droite du parc, à 30 mètres des voitures.

Les faisceaux sont formés, les servants à cheval et
les conducteurs mettent pied à terre. — Les servants à
cheval et les conducteurs désignés à cet effet tendent
les cordes d'attache à 15 mètres (10 mètres dans certains cas) des côtés et du derrière du parc, l'extrémité
des cordes des sections de droite et de gauche sur
l'alignement du front de bandière, le milieu de la
corde de la section du centre sur le prolongement de
l'axe du parc.

Dès que les cordes sont installées, on fait sortir du
parc et les chevaux sont mis à la corde. Les hommes
montés plantent alors leur sabre en terre, à 5 mètres

en arrière de leur porteur, débrident et posent sur leur sabre leur bride, leur revolver et leur coiffure, puis ils dessanglent légèrement. Les armes des servants sont réunies auprès de celles des conducteurs de la même pièce. Les abris et les feux sont établis à 15 mètres des cordes à chevaux.

« Quand il est permis de desseller, on ne le fait qu'au moins une heure après l'arrivée ; mais on enlève de suite les harnais des chevaux de trait. Les selles restent toujours paquetées ; elles sont placées, ainsi que les harnais, auprès des sabres ; les couvertures sont pliées et posées sur les selles. » (Règlement du 17 mars 1879).

Le front d'une batterie montée, au bivouac, est de 74 mètres sur 103 ; celui d'une batterie à cheval, de 89 mètres sur 124. Si plusieurs batteries sont réunies, on laisse 24 mètres entre chacune d'elles.

Les sections de munitions bivouaquent suivant les mêmes règles que les batteries. Le parc est formé sur trois lignes, les voitures chargées de munitions sont placées aux premières lignes.

Si les sections de munitions sont détachées du parc et réunies à un groupe de batteries, elles bivouaquent sur la même ligne que ces batteries ou sur une ligne parallèle, mais en laissant, entre elles et lesdites batteries, un intervalle ou une distance d'au moins 50 mètres.

Le parc est toujours établi à proximité des routes le mettant en communication facile avec son corps d'armée. Les voitures sont formées sur plusieurs lignes, suivant la configuration du terrain, et groupées par sections. Des emplacements sont désignés pour les divers ateliers. — Les troupes attachées au parc bivouaquent à proximité par fractions constituées ; le front de bandière de chaque troupe est tourné vers le parc.

Des camps. — Les camps, de grandes tentes ou de baraques, ne sont plus employés qu'exceptionnellement, pendant la durée des opérations de guerre. Le choix et la forme de ce camp sont alors déterminés par l'objet qu'il doit avoir. — Les troupes y sont généralement établies dans leur ordre de bataille, chacune derrière la partie de la ligne qu'elle occuperait en cas de prise d'armes.

Pour mémoire, nous dirons que la grande tente, dernier modèle, a 6 mètres de diamètre à la base, sa hauteur est de 3^m.40 ; elle peut contenir 16 fantassins ou 8 cavaliers avec le harnachement de leurs chevaux.

CHAPITRE VII

FORMATION NORMALE DE COMBAT DES DIFFÉRENTES ARMES.

Sommaire : § 1er. *De l'offensive et de la défensive.*

§ 2. *Ordre de combat de l'infanterie.* — Formation diverses de la compagnie et du bataillon dans la défensive et dans l'offensive.

§ 3. *Dispositif de la cavalerie.* — Cavalerie éclairant une armée. — Ordre de combat de la division. — Rôle de la brigade de corps d'armée. — Raid de cavalerie.

§ 4. *Rôle de l'artillerie sur le champ de bataille.* — Artillerie divisionnaire. — Artillerie de corps. — Artillerie attachée aux divisions de cavalerie indépendante.

---

§ 1er. — De l'offensive et de la défensive.

Le mode d'action des différentes armes sur le champ de bataille varie suivant qu'elles doivent prendre l'offensive, ou se tenir sur la défensive, c'est-à-dire suivant qu'elles doivent se donner l'initiative de l'attaque ou attendre le choc de l'adversaire, en se bornant tout d'abord à se garantir contre ses entreprises.

De l'offensive. « Le signe extérieur et par suite le but de la victoire, dit le major von Scherff (1), c'est de chasser par la force l'ennemi de la portion de terrain sur laquelle il prétend rester. Toute action tactique ne peut se concevoir que reposant soit sur la force du choc, soit sur la force de la résistance ; et la réunion de ces deux forces constitue ce que l'on peut appeler chez une troupe l'aptitude au combat. — Lorsqu'il y a combat, la force de choc et la force de résistance se rencontrent pour se déduire mutuellement, et il n'y a

---

(1) *Études sur la nouvelle tactique de l'infanterie* par le major W. von Scherff, de l'état-major général allemand, traduction du capitaine Couturier.

victoire que dans le cas où l'un des adversaires a conservé sur l'autre un excédent de cette aptitude à combattre, dont nous venons de parler. — On obtient cet excédent de valeur tactique, soit par la supériorité matérielle, c'est-à-dire numérique, soit par la supériorité morale d'une troupe sur une autre et autant que possible par la réunion de ces deux supériorités. Et c'est encore leur somme qui représente la force de choc de la troupe assaillante, comme la force de résistance de la troupe sur la défensive. — Pour qu'une troupe qui attaque puisse développer le maximum de sa force de choc, et en tirer avantageusement parti, il faut qu'elle ait une formation qui remplisse autant que possible les conditions suivantes :

« 1° Être douée d'une grande mobilité, car c'est seulement en se portant en avant, que l'offensive peut être réalisée ;

« 2° Assurer à l'assaillant, autant que faire se peut, une sérieuse protection contre les ravages du feu de l'ennemi, qui est le moyen le plus efficace contre l'offensive, parce qu'il paralyse la force d'impulsion et de choc de l'assaillant (physique et morale), en l'arrêtant ou l'amenant à reculer.

« 3° Enfin favoriser, dans la plus large limite, l'emploi du feu pour l'attaque, non seulement au moment même du choc, mais aussi auparavant ; car ce n'est qu'en parvenant à faire des armes à feu un emploi plus actif que la défense ne le peut réaliser elle-même, que l'attaque a le don d'arriver à ce degré d'intensité qui seul permet de remporter la victoire. »

L'attaque est préparée par l'artillerie, dont le rôle multiple consiste, ainsi que nous le verrons plus loin, à engager le combat, à couvrir le déploiement des troupes, à arrêter l'ennemi dans ses mouvements par un feu énergique agissant à des distances où les armes portatives n'ont pas d'action, à contre-battre et au besoin à attirer sur elle le feu de l'adversaire, à assurer enfin, le succès au moment du choc suprême par les feux rapprochés.

Pendant que l'artillerie prélude à l'action et force l'ennemi à déployer à grande distance la ligne de bataille et à dessiner ses projets, les têtes de colonne de l'infanterie entrent peu à peu dans la zone du feu et engagent la fusillade avec l'ennemi. — En même temps, l'artillerie adverse répond vigoureusement au canon de l'attaque, cherchant à démonter les batteries de l'assaillant et à attirer leur feu sur ses propres batteries. L'infanterie de la défense s'efforce de son côté d'arrêter la marche de l'infanterie adverse par un tir nourri et dirigé de sang-froid.

Le combat de l'artillerie et des tirailleurs prend bientôt ainsi de part et d'autre une vigueur considérable. Les tirailleurs de l'attaque, soutenus par des échelons successifs, se portent par une marche progressive aussi près que possible de l'ennemi, de manière à pouvoir donner l'assaut juste au moment psychologique, où la défense paraît assez épuisée pour que le sort de la lutte puisse être déterminé par la charge à la baïonnette, c'est la phase suprême de la lutte.

La cavalerie, qui a éclairé la marche et reconnu l'ennemi, maintient son contact avec lui pendant toute la durée du combat, et informe le général en chef de toutes les dispositions de l'adversaire. Aussitôt qu'une circonstance se présente, dans laquelle l'action rapide de la cavalerie semble indispensable, ses escadrons se lancent dans la mêlée et se sacrifient entièrement, si cela est nécessaire, pour sauvegarder la situation.

Après le combat, l'artillerie, par ses feux, empêche le retour offensif de l'ennemi, jette le désordre dans ses

colonnes en retraite et peut changer la retraite la mieux
ordonnée en une irrémédiable déroute; l'infanterie qui
a également accéléré, par un tir rapide, la marche rétrograde de l'ennemi, s'établit solidement dans la position
conquise et la met en état de résister à toute attaque
ultérieure; la cavalerie complète la victoire en pour-
suivant l'adversaire et en lui faisant de nombreux
prisonniers, en s'emparant de son artillerie et de ses
convois, en coupant ses colonnes et en jetant partout
la confusion et le désarroi.

De la défensive. — « Au point de vue stratégique, dit
le général Berthaut (1), l'offensive a une supériorité
incontestable sur la défensive, par ce seul fait qu'elle
est complètement maîtresse de ses mouvements, tandis
que la défensive, obligée d'être toujours prête à repousser l'attaque de l'adversaire sur quelque point qu'elle
se produise, ne peut avoir aucune initiative et se trouve
forcément placée dans une situation en quelque sorte
subordonnée. — Mais il n'en est plus tout à fait ainsi
quand on en arrive au dénouement tactique des mouvements stratégiques, c'est-à-dire au combat; l'avantage appartient alors à la défensive, parce que les
armes nouvelles donnent aux positions une force si
considérable, que les efforts les plus énergiques viennent
s'y briser...... — La guerre d'Orient de 1877 a con-
firmé ces prévisions, et mis en évidence les causes de
la prépondérance tactique de la défensive; mais elle a
fait voir en même temps que la défensive ne peut conduire à une solution favorable qu'à la condition de se
transformer, à un moment donné, en une offensive
vigoureuse et énergique, et elle a montré, une fois de

---

(1) Général Berthaut, *Des marches et des combats.*

plus, que la défensive *passive* finit toujours par succomber. »

« Suivant Clausewitz, la défensive sans retour offensif, c'est-à-dire la défensive passive, n'est qu'une force puissante avec un but négatif, et dans le combat où nous jetons toutes nos forces morales, physiques et matérielles nous avons un but réel à atteindre, c'est la victoire.

« Toute défensive qui recherche une solution définitive, dit le major von Scherff (1), est double : résistance et retour offensif. — Le but de la *défensive-offensive* est le même que celui de *l'offensive pure*, mais elle emploie pour l'atteindre des moyens différents. L'offensive cherche à rompre les troupes de l'ennemi en détruisant préalablement leur *force de résistance*; la défensive vise au même résultat en détruisant la force de choc de l'assaillant. — La défensive regarde la force de choc comme plus facile à détruire que la force de résistance; aussi commence-t-elle par résister; mais elle est forcée, pour rompre l'adversaire, de se servir ensuite de sa force de choc. — C'est ce changement de forme de combat qui est la difficulté principale de la *défensive-offensive*, celle qui l'a fait rejeter (*en Allemagne*) comme forme réglementaire de combat.

« Ce changement de forme de combat et la victoire qu'il recherche sont donc subordonnés à deux conditions :

« 1º La défense doit avoir *détruit* non-seulement la force de choc, mais encore la force de résistance de l'adversaire sur lequel elle dirige le retour offensif-défensif.

---

(1) *Études sur la nouvelle tactique de l'infanterie*, traduction du capitaine Couturier.

« 2° Le retour offensif doit être tenté en temps opportun et avec toute l'énergie possible.

« On peut soutenir sans exagération que cette *opportunité* est une des plus grandes difficultés imposées
soit au chef, soit aux troupes de la défense. »

---

§ 2. — Ordre de combat de l'infanterie.

A. Formation de combat de la compagnie.

La compagnie d'infanterie prenant sa formation de
combat se subdivise en trois échelons : la chaîne des
tirailleurs, les renforts, les soutiens.

Une section forme la chaîne des tirailleurs, une autre
section constitue le renfort ; ces deux sections sont
placées sous le commandement d'un même officier de
peloton. Le soutien se compose des deux dernières
sections de la compagnie, dans certains cas une portion du soutien est gardée en réserve ; avec le soutien
et sa réserve, marchent les deux autres lieutenants de
la compagnie. Le commandant de la compagnie n'a
pas de poste fixe, et se tient partout où sa présence devient nécessaire, le plus souvent auprès du soutien
d'où il peut généralement mieux embrasser l'ensemble
de sa troupe et diriger l'action ; il se fait accompagner
d'un ou deux soldats ou caporaux intelligents et susceptibles de comprendre et de porter ses ordres en cas
de besoin.

Entre la chaîne et le renfort, la distance maxima
doit être de 150 mètres, le soutien ne doit pas être
éloigné du renfort de plus de 350 mètres ; telle est la
règle théorique, il appartient au commandant de la
compagnie de voir si elle doit être modifiée.

Formation de la compagnie dans l'offensive. — L'instruction du 12 juin 1875 sur les manœuvres de l'infan-

terie, détermine ainsi qu'il suit l'action de la compagnie dans la première période du combat offensif : les escouades de la chaîne restent groupées ; chacune d'elles détache en avant deux éclaireurs ; au besoin celles des ailes en détachent deux autres sur le flanc ; le renfort et le soutien suivent à leur distance. — La compagnie s'avance dans cet ordre et sans tirer, jusqu'à ce que le feu de l'ennemi devienne gênant pour la marche. Alors les escouades se déploient en tirailleurs ; les éclaireurs commencent un feu ajusté sur l'ennemi ; lorsque ce feu devient insuffisant la chaîne rejoint les éclaireurs et commence à tirer. — La marche en avant s'exécute par bonds successifs alternant avec le feu. — Ces bonds successifs sont une suite ou mieux, une série de *temps de pas de course* de courte durée, suffisants pour gagner cinquante, cent mètres de terrain, et permettant ainsi de se rapprocher peu à peu de l'adversaire, sans s'exposer d'une façon continue à son feu. Le but de chaque bond est une ondulation du sol, une ligne d'arbres, un mur, en un mot un abri derrière lequel le groupe puisse se reposer quelques instants et diriger de sang-froid sur l'ennemi un feu précis et énergique. — Ce serait les trois quarts du temps une folie, que de s'imaginer que l'on peut enlever une position du premier coup. On ne peut s'en emparer que par des efforts continus et constants : « Tantôt on s'élance sur un accident de terrain, dit le général Lewal (1), tantôt on s'y glisse, c'est une suite d'irruptions soudaines et rapides. »

Une fois que la compagnie est arrivée tout près de l'ennemi, dans la zone réellement dangereuse de son tir, sa marche se fait par échelons, le feu de l'échelon

____

(1) Général Lewal, *Études de guerre*.

arrêté protégeant le mouvement de l'échelon en marche.
« La force de chaque échelon doit être telle qu'il puisse fournir un feu assez nourri pour protéger la marche des échelons voisins ; leur nombre est de deux ou trois, selon la longueur de la ligne des tirailleurs (1). » — Le renfort et le soutien se conforment à la marche des tirailleurs.

Il arrive cependant un moment où le mouvement en avant deviendrait impossible sans un effort plus énergique : c'est celui où le contact avec l'ennemi est tellement établi, qu'il faut enlever la position à tout prix et en quelque sorte par une lutte corps à corps. C'est le moment de l'assaut. C'est alors que le commandant de la compagnie lancera au secours de la chaîne, le reste des renforts et au besoin une partie des soutiens, de manière à fournir une première période d'un feu terrible, dont les effets doivent ébranler l'adversaire ; puis conduisant rapidement ses derniers soutiens sur le front d'attaque il donnera, par l'arrivée de ces troupes fraîches une nouvelle énergie à la lutte, enlèvera sa compagnie en avant et la jettera, la baïonnette au canon, sur l'ennemi.

« Le capitaine, dit à ce sujet le général Berthaut (1), saisit le moment où la défense désagrégée par le feu qui l'écrase, donne quelque signe de faiblesse ; il porte alors vivement sa réserve en ordre serré sur la ligne, et la compagnie tout entière s'élance en avant ; les tirailleurs se jettent sur les points faibles et dans les vides ou lacunes qui existent entre les groupes des défenseurs, et s'efforcent de pénétrer dans la position ; il est essentiel qu'ils y arrivent d'un seul élan, sans s'arrêter pour faire feu ; il faut que les soldats soient

---

(1) Général Berthaut, *Des marches et des combats.*

bien convaincus que plus ils iront vite, moins ils subiront de pertes ; ils poussent jusqu'à la lisière de la position, s'y arrêtent et poursuivent par des feux rapides l'ennemi qui se retire. »

Si la compagnie est isolée, le commandant de la compagnie prend la précaution, avant l'assaut, de garder en réserve un certain nombre d'hommes, afin de tenir tête, le cas échéant, à une contre-attaque ou de protéger sa retraite. Cette réserve suit la colonne d'assaut à une centaine de mètres.

Formation de la compagnie dans la défensive.

La défense doit mettre en œuvre le plus rapidement possible tous les moyens qui lui paraissent les meilleurs pour résister à l'ennemi et prendre l'offensive à son tour ; le renfort et le soutien doivent donc être plus rapprochés de la ligne des tirailleurs que dans l'offensive.

« A mesure que l'assaillant se rapproche et que l'intensité de son feu augmente, dit le règlement du 12 juin 1875, les renforts se portent successivement sur la ligne des tirailleurs pour donner à son tir la puissance nécessaire. Si l'ennemi menace un flanc, une portion du soutien est employée à repousser cette attaque ; quand les circonstances s'y prêtent, le soutien peut même détacher une partie de ses forces pour prendre en flanc l'assaillant. Au moment où l'ennemi marche à l'assaut après avoir exécuté le feu rapide, le soutien entre en ligne et contribue à repousser l'attaque.

« *Si la compagnie est isolée*, le capitaine dispose son renfort et son soutien de manière à protéger ses ailes, qui sont généralement des points d'attaque désignés. Il garde une dernière portion de son soutien en réserve,

afin de pouvoir exécuter une contre-attaque au moment
où l'ennemi aborde la position. »

B. Formation de combat du bataillon.

La formation de combat de la compagnie sert de
base à la formation de combat du bataillon ; il ne nous
reste donc qu'à examiner la marche générale de
l'action.

« Le commandant du bataillon, dit le général Berthaut (1), donne des instructions claires et précises à
ses capitaines ; il leur fait connaître ce qu'il sait de la
situation de l'ennemi, des formes et de la viabilité du
terrain qu'ils ont devant eux ; il leur indique l'objectif
principal à atteindre, la direction générale à suivre,
les points intermédiaires dont on devra s'emparer, et
enfin la manière dont il entend conduire l'action. —
Les capitaines doivent se maintenir dans l'esprit de
ces instructions. Ils ont toute la latitude et toute l'initiative nécessaires pour choisir, sans attendre d'ordres
particuliers, les moyens d'exécution qui conviennent
le mieux, selon les formes du terrain et les dispositions
prises par l'adversaire qu'ils ont devant eux, mais ils
agissent toujours dans le sens de l'opération principale ;
ils n'oublient pas qu'il importe avant tout d'atteindre
le but marqué par le chef de bataillon et que ce résultat ne peut être obtenu que par la coordination des
efforts de toutes les compagnies. »

Formation de combat du bataillon dans l'offensive (2).
— Le combat offensif du bataillon peut se présenter
sous quatre principaux aspects : la reconnaissance de
l'ennemi, la préparation pour l'attaque, l'exécution du

---

(1) Général Berthaut, *Des marches et des combats.*
(2) Données extraites en partie du règlement du 18 juin 1875 sur
les manœuvres de l'infanterie.

combat, la poursuite. Le bataillon prend la formation ci-après :

4 échelons :

1º La chaîne des tirailleurs avec ses éclaireurs. . . . } Formés par 2 compagnies accolées qui ont chacune: 1/4 de leur effectif en tirailleur ;

2º Les renforts. . . . . .

3º Les soutiens. . . . . . 1/4 aux renforts ; 1/2 en soutien.

4º La réserve. . . . . . . Formée par les 2 autres compagnies.

La profondeur du bataillon varie, suivant le terrain, de 1,000 à 500 mètres; elle diminue lorsqu'on approche de l'ennemi.

Le front d'action du bataillon est de 300 à 350 mètres.

Le bataillon ne prendra sa formation de combat qu'à 2,000 mètres de l'ennemi au maximum.

Les éclaireurs, bien qu'ils ne soient pas, à proprement parler, chargés de la reconnaissance qui rentre exclusivement dans les attributions du chef de bataillon, doivent s'appliquer cependant à donner des renseignements utiles.

Le bataillon, sous la protection de l'artillerie, s'avance ainsi jusqu'à environ 2000 mètres de l'ennemi, devenant alors en butte au feu de l'adversaire il est obligé de se déployer en ordre de combat. Son front est ainsi d'environ 300 mètres ; les renforts marchent à 150 mètres des tirailleurs, les soutiens à 350 ou 400 mètres des renforts, la réserve à 500 mètres des soutiens. Ces distances ne sont du reste qu'approximatives et peuvent être modifiées selon les circonstances.

Couverte par ses éclaireurs, la chaîne, suivie de ses renforts et de ses soutiens précédant la réserve, s'avance par escouades goupées jusqu'à 800 mètres environ de la chaîne ennemie. A cette distance, le feu de l'infanterie devenant dangereux, les escouades se déploient derrière les éclaireurs. La ligne de combat continue à se porter d'abri en abri, et s'il le faut la chaîne rejoint les éclaireurs et joint son feu au leur. A mesure qu'on avance, les commandants de compagnie font porter en ligne une partie ou même la totalité de leurs renforts, en observant de ne les faire arriver sur la chaîne que par fractions constituées.

Les soutiens conforment leur marche à celle des renforts et se rapprochent peu à peu de la chaîne; puis, lorsque les renforts ont été employés, une partie des soutiens se porte sur la ligne pour donner au feu une nouvelle intensité. Une des deux compagnies de réserve les remplace immédiatement.

On continue à se rapprocher ainsi de l'ennemi jusqu'à ce que le mouvement en avant devienne absolument impossible. On jette alors sur la chaîne ce qui reste disponible de la ligne de combat et l'on cherche à ébranler la défense par un feu excessivement énergique concentré sur le point d'attaque et qui est lui-même d'ailleurs vigoureusement secondé en ce moment par l'action de l'artillerie.

Si on est assez près de la position ennemie pour l'atteindre du premier coup le chef de bataillon n'hésitera pas à tenter l'effort suprême et lancera sa troupe en avant en ayant soin de conserver aussi intacte que possible la 2ᵉ compagnie de réserve pour le cas d'une résistance inattendue ou celui d'un retour offensif de la part de l'ennemi.

Cet instant solennel, c'est l'assaut : les tambours battent la charge, les soldats mettent la baïonnette au canon, et toute la ligne enlevée, par ses officiers, se précipite sur l'ennemi au cri répété de : *En avant.*

Si, au contraire, on ne peut arriver d'un seul élan sur l'adversaire, il faut du moins profiter du trouble que le feu rapide a causé dans les rangs de la défense pour continuer la marche en avant avec la plus grande vigueur, sans hésitation ni temps d'arrêt sensible dans le mouvement général de la chaîne et des réserves. La ligne de combat, concentrant son feu sur l'objectif désigné pendant les haltes, qui sont aussi courtes que possible, s'avance rapidement, jusqu'au moment où elle est assez près de l'ennemi pour l'atteindre d'un seul bond. Alors on donne l'assaut.

Dès qu'on a pénétré dans la position, le premier soin est de se prémunir contre un retour offensif et d'assurer la conservation du terrain conquis. Ce soin incombe à la réserve qui exécute les travaux nécessaires pendant que les tirailleurs poursuivent l'ennemi par des feux rapides.

Exemple de formation d'un bataillon isolé dans l'offensive : — 1° Le bataillon est en marche sa pointe d'avant-garde arrive à 2,000^m de la position à occuper;

2° Le bataillon prend alors la formation *en ordre préparatoire de combat.* Reconnaissance de la position sous la protection des éclaireurs de la compagnie d'avant-garde;

3° Le bataillon ayant reçu l'ordre d'attaquer continue sa marche et prend sa formation de combat dans l'ordre ci-après.

A 600^m au moins de l'ennemi, les tirailleurs,
A 150^m des tirailleurs, leurs renforts, } 1re compagnie et 2 sections de la 2e.
A 500^m des renforts, 2 sections de la 2e compagnie,
A 500^m en arrière les 3e et 4e compagnies en colonne de compagnie;

4° Les deux compagnies de première ligne ayant été renforcées par leurs soutiens, se portent contre la position, la 3e compagnie envoyée de la réserve enveloppe un des flancs de l'ennemi. La ligne étant arrivée à 200 mètres, on donne l'assaut ;

5° La position étant enlevée, les deux premières compagnies se forment en colonne de compagnie, la 3e compagnie poursuit l'ennemi.

Formation de combat du bataillon dans la défensive.
— « Les formations tactiques qui conviennent à la défense, dit le général Berthaut (1), sont différentes de celles qu'exigent la conduite et le développement du combat offensif.... — Le dispositif actuel de combat dans l'offensive n'a été adopté que parce qu'on a reconnu qu'on ne pouvait, sans s'exposer à des pertes énormes, marcher comme autrefois en ordre serré sous le feu de la défense ; cela suppose évidemment que ce feu peut avoir une très grande puissance, en d'autres termes que la première ligne de défense a tout d'abord une forte densité ; il est donc rationnel de porter immédiatement le plus grand nombre possible de fusils sur la ligne de combat. »

Dans la défensive comme dans l'offensive la ligne de combat se compose du reste de quatre échelons, la chaîne des tirailleurs, les renforts, les soutiens et les réserves, mais les distances entre ces différents éléments sont réduites autant que possible ; on a eu généralement le loisir de choisir ou d'établir des abris capables de les mettre à couvert contre le feu de l'ennemi et il faut d'un autre côté qu'ils soient assez à proximité de la première ligne pour se porter en quelque sorte instantanément à son secours et diriger un feu terrible sur l'assaillant. Le seul mode d'action d'une troupe dans la défensive est en effet l'emploi de feux de masse rapides et convergents sur les fractions les plus com-

---

(1) Général Berthaut, *Des marches et des combats (passim).*

15.

pactes des lignes de l'attaque aussitôt que celle-ci a dessiné son mouvement.

« Si malgré tout, dit le règlement du 12 juin 1875, l'ennemi continuant à se rapprocher est près d'arriver sur la position, le chef de bataillon, bien pénétré de ce principe que rien n'est susceptible d'affecter le moral d'une troupe comme de continuer à rester sur la défensive pour recevoir une attaque, a recours à sa réserve et prend résolument l'offensive. Il emploie tout ce qu'il a de disponible à exécuter une contre-attaque, combinée autant que possible avec un mouvement sur le flanc de l'assaillant; en tout cas cette contre-attaque doit être préparée par un redoublement de feu sur le front de la ligne de défense.

« Le moment est des plus favorables : le feu de mousqueterie de l'attaque a cessé ou manque de justesse; son artillerie allonge son tir pour ne pas atteindre ses propres troupes; celles-ci se trouvent d'ailleurs plus ou moins en désordre par suite de la confusion qui se produit toujours jusqu'à un certain point à l'instant de l'assaut. Il faut en profiter pour les surprendre par cette brusque offensive, se précipiter sur elles à la baïonnette, et les rejeter le plus loin possible de la position. »

Exemple de formation d'un bataillon isolé dans la défensive : — 1º Le bataillon est formation de marche, son avant-garde signale l'ennemi dont les tirailleurs sont à 1,500ᵐ;

2º L'ennemi montrant des forces supérieures, le chef de bataillon qui a déjà reconnu une position défensive en arrière la fait immédiatement occuper par deux compagnies, — la compagnie d'avant-garde passe en réserve;

3º L'ennemi attaque. — Les soutiens des 2ᵉ et 3º

compagnies se portent en ligne, la 1re compagnie se rapproche de la ligne de défense pour remplacer les soutiens et veiller à la protection des flancs.

4° La 4e compagnie est envoyée sur le flanc de la position pour exécuter une contre-attaque ;

5° La 4e compagnie poursuit l'ennemi en retraite. Les 2e et 3e compagnies se reforment en colonne de compagnie sur la position, la 1re compagnie se rapproche de la ligne défensive.

C. Formation de combat du régiment, de la brigade et de la division d'infanterie.

Dans ce qui précède nous n'avons examiné que la formation de la compagnie isolée ou du bataillon combattant en première ligne; si un régiment tout entier doit prendre part à la lutte, il pourra adopter différentes formations soit qu'il manœuvre isolément, soit qu'il forme brigade avec un autre régiment.

Supposons d'abord le régiment ayant ses trois bataillons placés face à l'ennemi, les uns derrière les autres, et soutenu à sa droite ou à sa gauche par le second régiment de la brigade formé dans le même ordre. — Dans ce cas les bataillons de deuxième ligne se tiennent à environ 300 mètres des réserves des bataillons de première ligne, leur mission consiste à venir en aide le plus rapidement possible à ces bataillons et à les entraîner au besoin au moment décisif de l'assaut. Les bataillons de deuxième ligne pour remplir efficacement ce rôle, sont formés en colonnes de compagnie; ces compagnies sont lancées soit isolément, soit par groupes, et d'après l'inspiration du commandant du bataillon sur tous les points de la première ligne où leur présence paraît nécessaire.

« Le bataillon de troisième ligne, dit le général Berthaut (1), est plus spécialement destiné à faire face aux mouvements tournants de l'ennemi ; mais, s'il voit un mouvement de retraite qui menace de compromettre le succès des échelons antérieurs, il se jette résolument et sans hésitation dans le combat. »

Dans certains cas les deux régiments de la brigade peuvent être placés l'un à côté de l'autre, sur la même ligne, chacun d'eux ayant deux bataillons en avant, et le troisième en arrière en réserve ; il se peut faire aussi que les régiments soient placés l'un derrière l'autre, le premier régiment ayant deux bataillons en avant et le troisième en arrière en réserve forme la première ligne ; la deuxième ligne est formée par le deuxième régiment.

Dans ces diverses formations, les bataillons qui sont en première ligne adoptant la formation que nous avons vue ci-dessus, les autres prennent leur dispositif de combat de la façon qui semble répondre le mieux à leur situation, en se conformant aux circonstances et au terrain :

« Quelle que soit la formation de la brigade, dit le règlement du 12 juin 1875, les bataillons qui sont en ordre de combat forment, soit une ligne continue, soit une ligne offrant des intervalles, suivant que le terrain est régulier, qu'il présente des parties impraticables, ou enfin qu'il est plus ou moins nécessaire de renforcer certains points ; en tout cas, les espaces non occupés doivent toujours pouvoir être battus par les feux des bataillons voisins. Les bataillons en arrière sont séparés dans chaque régiment par des intervalles qui permettent à la cavalerie et à l'artillerie de se mouvoir à l'aise. Entre les régiments on maintient un

---

(1) Général Berthaut, *Des marches et des combats*.

intervalle plus grand qu'entre les bataillons, de façon à présenter chaque régiment comme un groupe bien distinct et de rendre ainsi la direction plus facile à exercer. »

Une brigade ayant quatre bataillons en ligne, occupe un front de 1200 à 1500 mètres, cette largeur se réduit de moitié si la première ligne n'est formée que par deux bataillons. La profondeur d'un régiment ayant ses trois bataillons l'un derrière l'autre est d'environ 1100 mètres, elle sera de 800 mètres seulement si le régiment a deux bataillons en première ligne.

La division d'infanterie prend généralement sa formation de combat par lignes de brigade, ou bien par brigades accolées ayant chacune un régiment en première ligne et un régiment en deuxième ligne; le front de la division est de 1200 à 1500 mètres.

On peut également disposer trois régiments par régiments accolés et garder le quatrième en réserve; le front est, dans ce cas, de 1,800 à 2,100 mètres.

---

§ 2. — Dispositif de combat de la cavalerie.

Nous avons à examiner trois points très distincts : 1° le cas où la cavalerie est destinée à éclairer et à couvrir une armée en cours d'opérations ; 2° celui où elle agit formée en divisions indépendantes ; 3° le cas où une de ses brigades est attachée spécialement à un corps d'armée opérant devant l'ennemi.

Le règlement nous enseigne que dans ces positions diverses on doit toujours avoir en vue la prédominance du but à atteindre sur les moyens à employer pour y arriver, mais s'il cherche à s'abstenir de poser des règles strictes pour chacune des conditions spéciales dans lesquelles la cavalerie peut se trouver, il n'en fournit pas moins des indications générales qui doivent servir de base à toute opération.

A. — *Cavalerie éclairant une armée*. — Une armée composée de trois corps d'armée est généralement couverte par une division de cavalerie. Le front d'une armée étant de 20 kilomètres environ, la division de cavalerie doit embrasser un espace de 30 à 35 kilomètres de manière à déborder les ailes de 5 à 6 kilomètres.

En principe la cavalerie déployée en avant d'une armé opère sur trois lignes.

La première ligne formée par deux régiments pris, l'un dans la brigade de cavalerie légère, l'autre dans la brigade de dragons, a pour mission de voir comment il est possible de déborder ou de percer l'ennemi et de se procurer aussitôt que possible des renseignements sur la force et les projets de l'adversaire.

La deuxième ligne constituée à l'aide du deuxième régiment de la brigade de chasseurs et du deuxième régiment de la brigade de dragons, est destinée à appuyer une attaque contre le rideau adverse, et à servir de soutien à la première ligne.

La troisième ligne, formée par la troisième brigade de la division, a pour objet de servir de réserve aux deux autres, et dans certaines circonstances de renforcer la deuxième ligne.

Les mouvements de la cavalerie sont appuyés par ses batteries à cheval (3 batteries par division).

Les distances entre les différentes lignes ainsi que les intervalles entre leurs éléments dépendent de la nature du terrain et de la situation dans laquelle on se trouve; en principe les escadrons d'éclaireurs sont lancés jusqu'à 10 kilomètres en avant du soutien; ils doivent pouvoir se relier facilement entre eux, de manière à empêcher l'ennemi de traverser le réseau. Chacun des régiments de soutien composant la deuxième ligne, marche généralement en arrière du centre du régiment de sa brigade déployée en première ligne.

La réserve se maintient à une journée de marche au moins en avant de l'armée; sa place normale est à environ 4 ou 5 kilomètres en arrière des soutiens, au centre ou vers le côté le plus menacé.

« La cavalerie ayant pris le contact avec l'ennemi sert de rideau pour couvrir les mouvements de l'armée, et s'engage avec la cavalerie ennemie par des chocs successifs, croissant graduellement en intensité, depuis les escarmouches d'exploration jusqu'aux abordages en masse. Dans ces conditions, la cavalerie puise toute sa force et produit tout son effet au moyen de la coopération des différents groupes entre lesquels elle est décomposée; le général en chef s'inspire de données émanant de la cavalerie elle-même; celle-ci a momentanément un rôle susceptible d'influencer l'opportunité des opérations militaires. Mais, à mesure que les deux armées opposées circonscrivent la zone qui les sépare, les essaims de cavalerie, d'abord disséminés, se condensent peu à peu; le terrain ne peut être disputé que par le rassemblement de toutes les forces dont on peut disposer; c'est alors que la division de cavalerie, secondée par son artillerie se concentre et prend un dispositif de combat (1).

B. — *Dispositif de combat de la division de cavalerie.* — Les principes fondamentaux du combat sont les mêmes dans la cavalerie et dans l'infanterie, car ils

---

(1) Extrait du rapport présenté au ministre de la guerre le 17 juillet 1876, par la commission chargée de réviser les règlements sur les exercices de la cavalerie.

tendent toujours à enfoncer la ligne ennemie en un
point quelconque, à envelopper ses ailes, à provoquer
chez l'adversaire une situation critique dont on tire
parti, mais les moyens d'action pour arriver à ce résultat sont différents dans les deux armes. D'une part,
en effet, la cavalerie obligée à prendre carrière dès
qu'elle se trouve dans la zone des projectiles, et ne
pouvant, ni rester immobile sous le feu, ni s'embus-
quer, ne saurait adopter le même ordre que l'infanterie, d'autre part une masse de cavalerie telle qu'une
division ne pourrait pas le plus souvent se développer
sur un seul front, et il serait d'ailleurs imprudent de
risquer l'enjeu de la bataille sur un seul objectif. La
tactique d'une division de cavalerie ne se subdivise
donc pas dans chaque ligne d'attaque, mais se partage entre plusieurs lignes chargées de rôles différents consistant : 1° à attaquer directement; 2° à manœuvrer sur les ailes; 3° à conserver une réserve. De
là le partage de la division de cavalerie en trois
lignes (1).

La première ligne ou ligne d'attaque est destinée à
porter le premier coup; son action doit être aussi foudroyante que possible, car l'effet moral produit par
la première charge est tel que de son résultat peut
dépendre la victoire; dès lors la première ligne doit
être composée des éléments les plus puissants au point
de vue du choc, et elle est formée généralement par
la brigade de cuirassiers de la division; les escadrons
sont en ligne de colonne ou déployés.

La deuxième ligne destinée à garantir la sécurité
des flancs et des derrières de la première, afin de lui

---

(1) Extrait du rapport présenté au Ministre de la guerre le 17 juillet 1876 par la commission chargée de reviser les règlements sur les
exercices de la cavalerie.

laisser toute liberté d'action et de lui enlever toute
espèce de préoccupation au moment de la charge, est
appelée en même temps à agir offensivement en ap-
puyant par une attaque de flanc l'attaque de front de
cette première ligne. La deuxième ligne forme donc
ce que l'on pourrait appeler un échelon défensif-of-
fensif; elle est placée à 200 ou 300 mètres en arrière
et en dehors d'une des ailes de la première, du côté
de l'attaque présumée; les escadrons sont en ligne de
colonnes.

La troisième ligne, *l'ultima ratio*, suivant l'expression du général Von Schmidt, sert de réserve. Elle
vient remplacer la deuxième ligne lorsque celle-ci
est épuisée, elle comble les vides et protège les flancs,
transforme les succès partiels des deux premières lignes en succès décisifs ou arrête dans sa course l'ennemi victorieux. Cette troisième ligne doit donc être
ménagée afin de pouvoir produire le plus d'effet possible à un moment donné et, pour parer à toutes les
éventualités du moment décisif, elle se constitue à elle-
même une réserve particulière qui ne doit marcher
qu'à la dernière extrémité.

La troisième ligne est habituellement à l'aile oppo-
sée à celle où se trouve la deuxième ligne, à 400 mètres environ en arrière et en dehors de la première
ligne.

Chaque ligne pourvoit à sa sécurité au moyen de
patrouilles de combat.

Chaque division est pourvue de trois batteries; une
de ces batteries peut être attachée spécialement à une
brigade lorsque celle-ci reçoit une mission qui l'éloigne
du gros de la division, mais en règle générale les trois
batteries doivent agir réunies, et préparer, par l'action
foudroyante de leurs dix-huit pièces, une brèche au

flot de la charge; nous aurons du reste l'occasion de revenir sur ce sujet dans le paragraphe consacré spécialement au rôle de cette arme sur le champ de bataille.

L'artillerie est toujours accompagnée d'un soutien pris à la réserve; ce soutien se compose ordinairement de 1 ou 2 pelotons pour une batterie, 1 ou 2 escadrons pour un groupe de batteries. Le soutien se place à 50 mètres en dehors du flanc le plus exposé et à 100 ou 200 mètres en arrière de la ligne des pièces.

Les données qui précèdent ne doivent être regardées que comme de simples indications et non comme un dispositif de combat dont le règlement défend de s'écarter. « L'esprit du règlement tout entier vise au contraire en effet, dit l'auteur du rapport sur les manœuvres exécutées par une division de cavalerie dans le neuvième corps en 1876, à faire face à cette variable du combat qui est l'imprévu. L'ordre normal prescrit est la position expectante, c'est la situation de l'homme *en garde;* la véritable action de la cavalerie est l'à-propos, la décision » et, comme nous le disions en tête de ce paragraphe, la prédominance du but à atteindre sur les moyens à employer est la règle que suivra toujours un chef de cavalerie pour sa formation de combat.

C. — *Brigade de cavalerie de corps d'armée.* — La brigade de cavalerie de corps d'armée, de même que la division de cavalerie indépendante a pendant l'action un service d'exploration et de combat.

Au moyen d'éclaireurs et de patrouilles elle tient le général en chef au courant de tout ce qui se passe en avant et sur ses flancs; « ce sont d'abord de petites patrouilles qui se rapprochent le plus possible de la ligne des soutiens ou même des tirailleurs, ce sont ensuite des pelotons, quelquefois des escadrons utilisant le terrain pour se maintenir à proximité des réserves de bataillon : ils glissent dans les intervalles de l'infanterie, se dissimulant derrière les plis de terrain, les bouquets d'arbres, etc., opèrent de continuels déplacements, paraissent et disparaissent tour à tour. Surtout à proximité de l'ennemi, la cavalerie est obligée de se fractionner beaucoup, car s'il y a des abris pour les petites troupes, il n'y en a pas pour les grandes. Les petites troupes peuvent d'ailleurs rendre des services signalés, un seul escadron vigoureusement lancé dans un moment opportun peut obtenir un succès local décisif (1). »

Le gros de la brigade se tient généralement à 1500 mètres au moins en arrière de la ligne des tirailleurs, un régiment placé derrière l'aile la plus avancée, l'autre en arrière du centre. Les régiments sont formés alors en colonnes d'escadron en subordonnant du reste les intervalles et les distances à l'abri qu'on peut retirer du terrain.

Le général de brigade se place de façon à bien dominer le théâtre de la lutte tout en restant à même de communiquer instantanément un ordre à ses escadrons et de les lancer dans le combat juste au moment opportun.

Raid de combat. — Le raid de combat est une charge de cavalerie qui a pour but de traverser les lignes de l'ennemi en poussant toujours en avant, de jeter ainsi le trouble, la confusion et la panique dans ses réserves et dans ses convois, et de se rabattre ensuite, soit à droite, soit à gauche, sur les derrières de l'adversaire pour

______

(1) Conférences sur la cavalerie faites à l'École militaire supérieure en 1878.

rentrer en rompant ses ailes, mais sans arrêter le feu de l'attaque.

· Les guerres de 1866 (Custozza) et de 1870 (Rezonville) nous ont donné déjà des exemples de cette tactique nouvelle, et en ont prouvé la valeur. « Le raid de combat, dit le général Lewal, prendra certainement place dans les guerres à venir. Si l'intensité du feu s'y oppose, l'ordre dispersé le favorise, et en profitant des éventualités qu'amène la lutte, il n'est pas du tout impossible de traverser le front de combat d'une armée pour aller porter le désordre sur ses derrières.

§ 4. — Rôle de l'artillerie sur le champ de bataille.

L'artillerie prépare l'action, la soutient et la termine.

Par ses améliorations techniques, par la rapidité de ses mouvements, cette arme a pris de nos jours une importance capitale. — Son *action morale* sur l'adversaire est plus grande que celle de quelqu'arme que ce soit, car le tonnerre de son canon, le ronflement de ses obus, le bruit de leur éclatement et les blessures horribles qu'ils causent produisent sur la troupe ennemie un effet instinctif de terreur même quand le dommage qui en résulte est mathématiquement peu considérable. — Cette action démoralisante pour l'ennemi qui reçoit le feu des batteries, est par contre d'un effet salutaire sur les troupes auxquelles l'artillerie est attachée, et le soldat marche au combat avec confiance tant qu'il se sent sous la protection de son canon. Enfin, quand elle agit sur les masses aux distances où le tir de l'infanterie ne peut encore atteindre, l'artillerie est l'arme destructive par excellence et mieux que toute autre elle peut poursuivre le but militaire de la bataille qui est l'anéantissement de l'adversaire.

Enfin c'est la seule arme que le général en chef puisse tenir réellement sous la main au milieu même de l'enthousiasme de la lutte, car chez elle le sort du canonnier est lié à sa pièce, et la pièce ne peut agir que sur l'ordre des officiers. Maîtresse d'elle-même, l'artillerie peut donc agir scientifiquement et en connaissance de cause pendant toute la durée du combat et contribuer puissamment ainsi au succès.

« Dans l'offensive, dit le général Paris (1), l'artillerie protège le mouvement en avant des autres troupes, en tâchant de détourner d'elles les décharges des canons ennemis; elle ébranle les masses de l'adversaire, prépare le combat rapproché, renverse les obstacles matériels existant sur le champ de bataille, provoque, dans certaines circonstances, la décision de la crise par la concentration de grandes masses de canons et participe à la poursuite de l'ennemi battu. — Dans la défensive, elle s'oppose à l'établissement des batteries ennemies, appuie les ailes et les points faibles de la position, canonne vigoureusement les aboutissants principaux, détruit les colonnes d'attaque de l'adversaire et s'oppose à leur irruption, prépare et soutient les retours offensifs, couvre la retraite et facilite la cessation de la lutte. »

Nous examinerons rapidement le rôle de l'artillerie sur le champ de bataille suivant qu'elle est attachée aux divisions d'infanterie, qu'elle forme l'artillerie de corps ou qu'elle marche avec les divisions de cavalerie indépendante.

---

(1) *Traité de tactique appliquée*, par F.-A. Paris, général-major, traduit de l'allemand par le major Fix et le capitaine Timmerhans, de l'armée belge.

A. — *Artillerie divisionnaire*. — Dans un paragraphe précédent relatif aux formations de marche, nous avons vu qu'une batterie d'artillerie était généralement attachée à l'avant-garde de la division d'infanterie.

« Dans une marche offensive le combat est presque toujours engagé par l'avant-garde; dès que l'ennemi aura été signalé, la batterie d'avant-garde se portera en avant pour prendre position suivant les indications du commandant de l'avant-garde. — L'emplacement des pièces est choisi par le capitaine de batterie; le premier but de l'artillerie est alors de contenir l'ennemi et de le contraindre à dévoiler ses projets. — Si l'avant-garde est de force à repousser l'ennemi sans le secours du gros de la division, celui-ci ne s'engage pas et son artillerie reste avec lui. Il y aura cependant lieu, dans la plupart des cas, de faire renforcer la batterie unique de l'avant-garde par une des trois autres batteries de la division pour obtenir rapidement un effet décisif. Il est bon, en effet, de réunir dès le commencement de la lutte autant de pièces que les circonstances le permettent et de donner la supériorité au nombre.

L'artillerie, dans sa première position, doit tirer sur celles des troupes de l'adversaire qui paraissent devoir gêner le plus la marche en avant de la division.

Presque toujours, au commencement d'un combat, les batteries ennemies peuvent seules être distinguées avec quelque netteté. C'est donc ordinairement contre elles que seront dirigés les premiers coups; mais il faudra tirer sur les troupes d'infanterie et de cavalerie dès qu'on pourra le faire avec quelque chance de succès.

Pendant ce premier feu l'infanterie gagnera du terrain en avant, dès qu'elle aura fait assez de progrès l'artillerie se portera en avant à son tour (1).

---

(1) Extrait de l'Instruction du 20 avril 1876 sur le service de l'artillerie en campagne.

Ainsi que nous l'avons vu déjà, dès qu'un combat semble imminent la batterie se forme en trois échelons, dont les deux premiers groupes seuls arrivent sur le champ de bataille.

La batterie de combat ne se présente pas au complet sur l'emplacement qui lui est assigné pour ouvrir le feu ; elle laisse en arrière d'elle à une distance plus ou moins éloignée (de 200 à 500^m) suivant les abris qu'offre le terrain, la moitié de ses caissons et la partie de son personnel qui n'est pas strictement nécessaire au service des pièces (1).

En batterie les pièces sont séparées par des intervalles de 15 à 20 mètres ; on peut resserrer ces intervalles jusqu'à 10 mètres, le front de la batterie peut varier ainsi entre 60 et 110 mètres.

Les avant-trains sont en arrière des pièces à 15 ou 20 mètres au plus ; les caissons du premier groupe de la batterie de combat sont défilés le mieux possible du feu de l'ennemi et placés cependant de telle manière que les pourvoyeurs n'aient pas à parcourir de distances trop considérables ; la réserve de la batterie prend place à proximité du deuxième groupe de la batterie de combat.

Grâce à leur portée les pièces rayées peuvent, lorsqu'elles sont bien placées, agir du même point sur les diverses parties d'un champ de bataille, sans qu'il soit nécessaire pour cela d'opérer de changement de position.

Le feu ne sera généralement pas ouvert à plus de 2,500 mètres ; tout tir d'artillerie exécuté de 4,000 à 5,000 mètres, dit le colonel Taubert (2) dénote en thèse

---

(1) Règlement du 17 mars 1879 sur les manœuvres et les évolutions des batteries attelées.

(2) *L'Emploi du canon de bataille*, par le colonel Taubert, traduit de l'allemand par le capitaine Timmerhans, de l'armée belge.

générale, un gaspillage inconsidéré de munitions, mais pour canonner des localités de grande étendue, pour atteindre un but important, observation de ce principe constituerait une maladresse. »

Les déplacements, à moins de circonstances particulières, doivent être au moins de 500 à 600 mètres. Si l'artillerie doit se porter en avant elle fera son mouvement au trot, à rangs ouverts, par échelons successifs.

Souvent les batteries devront tirer par-dessus l'infanterie de première ligne ; toutefois on évitera de les laisser trop en arrière des troupes qui entrent en ligne, le voisinage des pièces étant un puissant auxiliaire moral au courage et à l'élan du soldat.

Parvenue à la deuxième position, l'artillerie dirigera un feu énergique sur le point où, selon les prévisions du commandement supérieur doit avoir lieu le choc décisif. Ce que l'on doit chercher alors c'est le moyen le plus expéditif d'arriver à écraser complètement l'adversaire par la concentration des feux sur le point objectif. Ce résultat peut être obtenu soit par l'emploi de batteries agissant séparées les unes des autres, soit au moyen de batteries manœuvrant réunies par groupes tels que le groupe réglementaire de quatre batteries par division, du moment que ces batteries sont à bonne portée du point à battre et qu'elles peuvent faire converger tous leurs feux sur ce point unique.

« Si le terrain le permet, dit l'instruction du 20 avril 1876, on réunira les quatre batteries de la division de manière à faciliter la concentration de leurs feux sur les points principaux de la ligne ennemie. Si l'on ne pouvait opérer de cette manière, il faudrait tâcher de grouper les batteries par deux et s'efforcer de faire converger les feux de toutes les pièces vers le point décisif. Dans certaines circonstances, on profitera d'un moment favorable pour envoyer une ou deux batteries sur le flanc de l'ennemi qu'on pourra prendre ainsi d'écharpe ou de revers.

« Le fractionnement des groupes de batteries (affectés à chaque division) est à éviter en principe, dit le général Schnéegans (1). Quelles que soient les précautions que l'on prenne pour faire concourir ces fractions au but général, il sera bien difficile, dans les péripéties d'une lutte, de maintenir l'unité de commandement si les batteries sont disséminées. Cependant le principe que nous nous posons n'a rien d'absolu, le choix des positions dépendant avant toutes choses des accidents du terrain. »

Afin d'acquérir le maximum d'effet de l'artillerie qui ne peut être produit que par la concentration de ses feux, « il faut, dit l'instruction du 19 février 1879, qu'il y ait unité de direction, et que les batteries ne soient pas trop disséminées sur la ligne de bataille. — En conséquence on laissera le plus souvent le groupe des batteries d'une division, ainsi que celui des batteries de corps entre les mains des colonels qui commandent ces groupes. Les batteries ne seront détachées avec les brigades que quand celles-ci agiront isolément ou se trouveront en avant-garde. Dans tous les cas, on ne détachera que des batteries entières. En un mot, on respectera autant que possible l'intégrité des deux unités tactiques de l'artillerie, savoir : la batterie et le groupe de quatre batteries.

L'artillerie, en raison de sa grande portée, est placée en arrière des lignes ; elle se trouve alors tout naturellement protégée, et n'a pas de soutiens permanents ; mais les commandants des troupes d'infanterie et de cavalerie doivent veiller d'une manière parti-

---

(1) *L'Artillerie dans la guerre de campagne*, par le général Schnéegans.

culière à la sûreté des batteries qui les accompagnent. Quand, dans certains cas particuliers, une escorte devient nécessaire, elle est demandée au chef de la troupe voisine par le commandant de l'artillerie. L'escorte se place à quelque distance sur le flanc des batteries : en avant, quand elle se compose d'infanterie; en arrière, quand elle se compose de cavalerie.

En cas d'échec ou de revers, l'artillerie divisionnaire doit se sacrifier pour les autres troupes en protégeant leur retraite avec toute l'énergie possible. Une artillerie qui a éprouvé des pertes sérieuses n'est pas relevée, mais renforcée par d'autres batteries. Une batterie qui défend une position ou protège la retraite doit à moins d'ordres contraires tenir jusqu'à la fin, tant qu'il lui reste un homme pour la servir. Jamais elle ne doit abandonner la place par crainte de capture, c'est aux autres armes qu'appartient le soin de sa conservation, et une batterie qui est enlevée après avoir accompli son devoir en protégeant les autres troupes et en les soutenant jusqu'au dernier moment succombe avec honneur et gloire.

Lorsque la retraite est ordonnée, les batteries ne se retirent que par ordre, en formant des échelons successifs, et au pas, pendant tout le temps où l'artillerie se trouve avec les lignes d'infanterie. Le règlement français, en édictant cet ordre, s'est basé sur les conséquences morales que pourrait avoir une retraite au trot qui permettrait cependant d'occuper rapidement des positions en arrière et de protéger peut-être plus efficacement le mouvement de recul, sur les troupes à pied, dont l'enthousiasme est refroidi déjà par l'échec subi, et qui perdraient peut-être toute consistance, en voyant le canon qui les protégeait tout à l'heure, les abandonner rapidement; car dans ce moment de crise pénible la pensée va plus vite que la réflexion et le cri de sauve qui peut serait peut-être prononcé avant qu'un homme ait songé que ce mouvement rapide de l'artillerie en arrière était fait dans l'intérêt et pour la sauvegarde de tous.

Le règlement allemand relatif à cette question dit que, s'il devient nécessaire d'opérer un mouvement rétrograde, une partie du matériel occupe *rapidement* une position située en arrière, pour y recevoir l'ennemi et protéger de nouveau la retraite, l'autre partie marchant avec les troupes pour pouvoir les soutenir continuellement.

B. — *Artillerie de corps.* — « La différence essentielle qui existe entre les batteries qui la composent et celles de l'artillerie divisionnaire, c'est que ces dernières combattent en se tenant intimement liées aux troupes de chaque division, tandis que l'artillerie de corps reçoit directement, comme une division d'infanterie, les ordres du général commandant le corps d'armée.

La véritable mission de l'artillerie de corps consiste avant tout à préparer l'attaque qui sera ultérieurement exécutée par *l'ensemble* du corps d'armée. L'artillerie de corps devra donc être engagée aussitôt que, d'après la marche générale du combat, le général en chef aura reconnu la nécessité de déployer toutes ses forces. En principe on réunira sur le même terrain le plus grand nombre de batteries possible. Cependant, faute d'espace, on devra parfois se résoudre à laisser quelques batteries inactives. Ce seront, de préférence, les batteries à cheval de l'artillerie de corps, qui peuvent être dirigées plus rapidement que les batteries montées vers les points du champ de bataille où leur emploi deviendrait nécessaire. On adjoint utilement les batteries à cheval de l'artillerie de corps à certaines pointes d'avant-garde exclusivement composées de cavalerie, ou encore aux troupes de cette arme chargées de manœuvrer pendant le combat sur les flancs de l'adversaire, et de le poursuivre s'il est battu (1).

« La mission de l'artillerie de corps est double, dit le général Paris (2); elle consiste : 1° à renforcer les batteries divisionnaires; 2° à se présenter en masse dans les phases décisives pour obtenir des résultats importants ou, tout au moins, pour préparer l'action suprême des troupes de réserve, qui n'entrent en scène que dans la dernière phase du combat.

« L'artillerie de corps ne pourra renforcer les batteries divisionnaires que dans les cas exceptionnels suivants : 1° quand la division à laquelle elles sont attachées agit d'une manière indépendante et peut être réduite à ses seules forces pendant un temps assez long; 2° pour renforcer la ligne de bataille afin de vaincre une grande résistance, d'accourir rapidement au secours des points menacés; dans ce dernier cas, on emploiera de préférence l'artillerie à cheval; 3° pour augmenter les moyens de l'arrière-garde, surtout quand elle doit occuper des coupures de terrain situées en arrière.

« Abstraction faite de ces divers emplois exceptionnels, l'artillerie de corps doit toujours agir en *masse*; le lieu et le moment opportun pour l'intervention de cette *masse* varient avec le but que l'on a en vue. En général, c'est au moment de la crise, quand l'ordre de bataille ennemi, déjà ébranlé, doit être ren-

---

(1) Extrait de l'Instruction du 20 avril 1876 sur le service de l'artillerie en campagne.

(2) Extrait du *Traité de tactique appliquée*, par le général F.-A. Paris, traduit de l'allemand par le major Fix et le capitaine Timmerhans, de l'armée belge.

versé, que sa puissance se dévoile avec le plus de splendeur et d'élévation, ou bien encore quand l'adversaire semble remporter un avantage décisif sur un point particulier. Il n'est pas nécessaire que la ligne des bouches à feu de la *masse* soit continue; les batteries doivent surtout se soutenir réciproquement et diriger leur feu sur un même but. Il est souvent avantageux aussi de les séparer; par exemple, quand l'occasion se présente de battre d'écharpe les lignes ennemies, ou de ménager de grands intervalles qui permettent les entreprises offensives des autres troupes.

« Un des principes fondamentaux de l'emploi des masses d'artillerie, c'est de permettre leur rapprochement des positions ennemies. Le combat éloigné est moins admissible pour l'artillerie de corps que pour toute autre; aussi doit-elle l'éviter avec le plus grand soin; les distances moyennes et les petites distances constituent son véritable champ d'action. »

C. — *Artillerie des divisions de cavalerie indépendantes.* — « Contrairement au principe qui régit l'emploi des batteries montées attachées aux divisions d'infanterie, ces batteries à cheval devront être fréquemment réparties entre les brigades. Cette disposition résulte du rôle attribué aux divisions de cavalerie qui, pour éclairer l'armée, sont obligées de se développer sur un très grand front; dans tous les cas, il faut éviter de fractionner la batterie à cheval qui a été affectée à une brigade.

« L'artillerie à cheval qui opère avec la cavalerie doit, comme celle-ci, agir rapidement et à l'improviste. Dans ce but, elle marche souvent sans ses caissons. Sa place habituelle est sur l'un des flancs, de manière que les mouvements des escadrons ne soient pas contrariés. Chaque batterie est toujours accompagnée d'une escorte. Privée de ce soutien spécial, l'artillerie à cheval serait exposée à des surprises, en raison de la grande étendue de terrain qu'occupent les troupes de cavalerie, et de leurs fréquents changements de position (1). »

L'artillerie à cheval agira de préférence sur les flancs des escadrons pour ne pas gêner leurs mouvements ; elle sera toujours accompagnée d'un soutien spécial pris d'ordinaire dans la réserve, sans quoi elle risquerait d'être enlevée par suite du grand développement de terrain qu'occupe le front de la division de cavalerie et de la rapidité des évolutions.

Le rôle des batteries attachées aux divisions de cavalerie indépendantes est subordonné non seulement aux circonstances diverses de la lutte, mais aussi à l'espèce d'arme que la cavalerie doit attaquer. En général on peut dire que dans la période de préparation de l'attaque l'artillerie à cheval dirigera son feu de préférence sur les troupes plutôt que sur les batteries de l'adversaire, à moins qu'elles n'opposent trop d'obstacles aux mouvements de la cavalerie ; elle continuera ainsi son feu jusqu'à ce que les escadrons auxquels elle est attachée, se rapprochant de ceux de l'ennemi, il puisse y avoir danger de tirer plus longtemps sur le même point. Au moment du choc elle prendra donc pour objectif l'artillerie de l'ennemi et ses réserves. Au besoin elle se retirera vivement et ira prendre position à hauteur de la deuxième ligne afin d'éviter en cas d'échec d'être renversée par la cavalerie ennemie. Aussitôt en position, elle canonnera vigoureusement l'artillerie adverse.

Si nous examinons le cas où la cavalerie doit atta-

____

(1) Extrait de l'Instruction du 20 avril 1876 sur le service de l'artillerie en campagne.

quer une forte batterie bien placée et bien appuyée sur les ailes, « le rôle de l'artillerie à cheval, dit le colonel Taubert (1), est d'arriver aux allures les plus vives et aussi inopinément que possible à bonne portée de la batterie ennemie, de la canonner vigoureusement de manière à attirer sur elle son feu et de permettre à la cavalerie de se rapprocher sans être inquiétée et de préparer la charge sous sa protection. Aussitôt les escadrons ébranlés, l'artillerie à cheval cesse son feu et se porte en arrière dans une position sûre pour rallier la cavalerie en cas d'échec. Quand c'est à l'infanterie que la cavalerie doit s'en prendre, le rôle des batteries à cheval est tout à fait subordonné aux circonstances de l'attaque; si l'infanterie ennemie est intacte, la cavalerie ne pourra l'entamer qu'en faisant précéder la charge par un feu bien nourri; si, au contraire, l'infanterie ennemie est déjà ébranlée, épuisée par un long combat, il sera souvent plus utile de lancer la cavalerie immédiatement sans feu préalable d'artillerie, parce que la soudaineté de l'attaque produira un effet plus désastreux.

Si l'attaque réussit elle prêtera un concours on ne peut plus efficace à la cavalerie en canonnant l'ennemi en retraite et l'aidera ainsi à compléter la victoire.

Si l'attaque est repoussée, la mission de l'artillerie consiste à arrêter la poursuite de l'ennemi par un feu énergique, les batteries à cheval se retirent alors en bon ordre, en échelon sur les ailes et toujours en arrière du premier échelon de la cavalerie, profitant de toutes les positions qui se présentent pour canonner l'ennemi et ralentir sa marche.

---

(1) *L'Emploi du canon en bataille*, par le colonel Taubert, traduit de l'allemand par le capitaine Timmerhans, de l'armée belge.

TABLE DES MATIÈRES.

CHAPITRE III.

DES RECONNAISSANCES ET DES MISSIONS SPÉCIALES.

CHAPITRE IV.

DU DROIT DES GENS ET DES RELATIONS AVEC L'ENNEMI.

CHAPITRE V.

ORGANISATION DES ARMÉES EN CAMPAGNE.

CHAPITRE VI.

DES MARCHES ET DE L'INSTALLATION DES TROUPES EN CAMPAGNE.

CHAPITRE VII.

FORMATION NORMALE DE COMBAT DES DIFFÉRENTES ARMES.

Paris — Imprimerie de J. DUMAINE, rue Christine, 3.

NOTES

SUR LE SERVICE

DANS LES

ÉTATS-MAJORS EN CAMPAGNE

PAR

ANDRÉ MARIOTTI

PARIS

LIBRAIRIE MILITAIRE DE J. DUMAINE

LIBRAIRE-ÉDITEUR,

Rue et Passage Dauphine, 30.

—

1880